# ROMPIENDO LAS CADENAS

## EDICIÓN PARA JÓVENES

NEIL T. ANDERSON Y DAVE PARK

Unilit

Publicado por
**Unilit**
Medley, FL 33166

Primera edición ampliada y revisada: 2024


Título del original en inglés:
*The Bondage Breaker® Youth Edition*
Publicado por *Harvest House Publishers*
Eugene, Orgeon 97408
www.harvesthousepublishers.com

Traducción de la edición revisada y ampliada: *Nancy Pineda*
Maquetación: *www.produccioneditorial.com*



Este libro contiene historias en las que se cambiaron los nombres de las personas y algunos detalles de sus situaciones.

Producto: 495981

ISBN: 0-7899-2698-9 / 978-0-7899-2698-2

Categoría: *Jóvenes / General*
Category: *Youth / General*

Impreso en Colombia
*Printed in Colombia*

# CONTENIDO

# EN BUSCA DE LA VERDAD Y LA LIBERTAD

Cuando Neil escribió por primera vez *Rompiendo las cadenas*, nunca imaginó que se venderían más de dos millones de ejemplares en todo el mundo. El cuerpo de Cristo reconoce algo bueno cuando lo ve, y la verdad es que Jesús libera a los cautivos. Sin embargo, para nosotros nunca se ha tratado de vender libros; se trata de ayudar a las personas que sufren, y esa misión ha continuado en el siglo XXI.

El mensaje de nuestra libertad en Cristo nunca ha sido más necesario en la vida de los jóvenes como hoy. Aunque no hay pecados nuevos en el mundo actual, de seguro que la intensidad de la tentación, las acusaciones y el engaño ha aumentado. Cuando escribimos este libro por primera vez hace casi treinta años, no había internet, ni redes sociales, ni acoso en línea, y la confusión de género apenas aparecía en nuestro radar colectivo.

Las plataformas de redes sociales como Facebook, Instagram, Twitter y Snapchat les plantean nuevos desafíos a los estudiantes de hoy en día. Si bien estas plataformas han aportado algo bueno a la vida de los jóvenes, también nos han traído el ciberacoso, el sexteo y los depredadores en línea. Nuestro mundo privado y nuestros pensamientos se han vuelto de conocimiento público, a menudo con consecuencias inesperadas y trágicas. Aunque la tecnología tiene muchas ventajas, también puede producir un nuevo nivel de dolor, rechazo y esclavitud. Hace años, la persona promedio no podía crearse un personaje público que no fuera real. Hoy en día, uno puede crear una identidad artificial en línea en cuestión de minutos, utilizando avatares, fotos manipuladas y un poco de escritura creativa. Lo triste es que incluso los creyentes a menudo prefieren su exagerada identidad en línea a su verdadera identidad en Cristo.

Además del antiguo desafío de la atracción hacia personas del mismo sexo y la creciente incidencia de la confusión de género, ahora se espera que aceptemos toda una nueva y creciente lista de falsas identidades sexuales. Ya no basta con utilizar términos como heterosexual, lesbiana, gay, bisexual, transgénero, *queer* y cuestionándose. Ahora se nos pide que aprendamos más de cien términos y expresiones de identidad sexual*. El mundo los inventa tan rápido que es difícil seguirles el ritmo.

Muchos otros acontecimientos y tendencias alarmantes están afectando a nuestra juventud. El número de hogares monoparentales ha alcanzado un máximo histórico. Las insinuaciones sexuales en la música, las películas y las series de cable ya no son solo insinuaciones, son explícitas. Los adolescentes se enfrentan a una violencia sin precedentes en las escuelas. Imágenes como las de adolescentes huyendo aterrorizados de su escuela con las manos en alto en el Instituto Columbine el 20 de abril de 1999, y de niños huyendo de la escuela primaria Sandy Hook el 14 de diciembre de 2012, se han repetido cientos de veces. El miedo a ser víctima en lo que se supone que es un lugar seguro es real, no imaginario. Ahora mismo, mientras actualizamos este libro, la COVID-19 ha provocado que nos sintamos más solos y aislados que nunca. El estrés, la depresión, la obesidad y el suicidio alcanzan niveles sin precedentes. Más que nunca, los adolescentes se ven obligados a madurar, ¡y rápido!

La buena noticia es que, si bien es evidente que los problemas han aumentado, la solución para encontrar una libertad real y duradera es la misma. La respuesta sigue siendo Jesucristo, el que rompe las

* Nicholas Hellen, «BBC films teach children of "100 genders or more"» [Las películas de la BBC les enseñan a los niños «100 géneros o más»], *Sunday Times*, Londres, 8 de septiembre de 2019.

cadenas. Nada de nuestro nuevo mundo ha sorprendido a Jesús; este mundo y sus tecnologías no lo confunden ni lo abruman. Jesús venció a Satanás en la cruz, y Él puede volver a vencerlo en tu vida.

Cuando escribimos por primera vez *Rompiendo las cadenas: Edición para jóvenes*, no teníamos ni idea de que este libro y *Emergiendo de la oscuridad* (publicado por Bethany House [Editorial Unilit lo publicó en español]) lanzarían un ministerio juvenil internacional. Estamos muy agradecidos de que Harvest House Publishers aceptara publicar una edición actualizada de este libro. Su visión para ayudar a los jóvenes nos ha permitido viajar por el mundo proclamando el mensaje de libertad en Cristo, y nos ha abierto muchas puertas para ayudar a los líderes juveniles, padres y adolescentes. Hemos realizado más de ciento cincuenta conferencias estudiantiles de *Emergiendo de la oscuridad* en todo el mundo, ayudando a los jóvenes a descubrir su identidad y libertad en Cristo. Nuestras experiencias y el tiempo que pasamos con los jóvenes nos impulsaron a escribir docenas de libros y guías de estudio para jóvenes. También desarrollamos noches especiales para padres y cumbres de trabajadores juveniles, a fin de capacitar a líderes. En la actualidad, seguimos ofreciendo cumbres EPIC Latino (Experiencing Personal Identity in Christ [Experimenta la identidad personal en Cristo]) gratuitas de tres días varias veces al año, tanto en formato presencial como virtual.

Desde que se publicó por primera vez este libro, hemos adquirido mucha más experiencia y conocimiento. Por esta razón, creemos que esta última edición es un libro mejor. Aunque el mensaje y el bosquejo bíblico subyacentes son los mismos, los desafíos espirituales que enfrentamos han aumentado. El mundo ha desarrollado aún más formas de atraparnos en la esclavitud. Gracias a Dios, ninguno de estos nuevos engaños puede superar lo que Cristo hizo en la cruz para comprar nuestra libertad.

Al principio, esperábamos que este libro ayudara a muchos estudiantes a reclamar su libertad. Ahora, en cambio, cientos de miles de lectores después, tenemos innumerables pruebas y testimonios de que Jesús todavía libera a los cautivos.

Un joven nos escribió para contarnos que su vida había cambiado gracias a su encuentro con Jesús a través de «Los Pasos hacia la Libertad en Cristo». No solo se transformó, sino que continuó contándonos que poco después de leer el libro, estaba en un campamento cristiano y, durante su tiempo libre, fue a la cafetería del campamento para tomar un refrigerio. Allí, en la cafetería, presenció cómo el cocinero del campamento se cortaba con uno de los cuchillos. El cocinero no lo vio, sino que se limitó a observar cómo la sangre corría por su propio brazo. El estudiante le preguntó atrevidamente al cocinero:

—¿Escuchas voces que te dicen que hagas eso?

Sin duda, el cocinero del campamento se sobresaltó por la presencia del estudiante y la franca pregunta, pero luego respondió con sinceridad:

—Sí.

—¿Quieres librarte de esas voces? —le respondió el estudiante

—Sí —dijo el cocinero.

Entonces, el estudiante de dieciséis años llevó al cocinero de treinta y tantos a través de los pasos hacia la libertad en la parte de atrás de la edición para jóvenes de *Rompiendo las cadenas*. Seis meses después, el joven volvió a encontrarse con el cocinero en una reunión. Al principio, apenas lo reconoció. Era como si el cocinero del campamento hubiera cambiado por completo, tanto de manera física como espiritual. Si has encontrado la libertad, puedes ayudar a otros a encontrarla.

Queremos agradecerles a todos los increíbles estudiantes que nos contaron acerca de sus vidas en conferencias y por escrito. Lo que nos narraron era muy privado y personal; fue un privilegio ver cómo Dios los liberó en Cristo. Gracias por ser tan reales y auténticos.

Hubo muchos momentos emotivos mientras recordábamos el dolor y el tormento que sufrieron, y un gozo indescriptible al afirmar la verdad. Hemos aprendido mucho de cada uno de ustedes al relatarnos sus viajes espirituales.

También queremos reconocer a los líderes que han trabajado y pastoreado con tanto amor en las vidas de las ovejas jóvenes. ¡Gracias por su sacrificio y compromiso con los jóvenes! El mensaje de nuestra libertad en Cristo debe multiplicarse y comunicarse. Creemos que cuando se trata de satisfacer las necesidades de los adolescentes de hoy, nadie está mejor preparado que los padres creyentes, la iglesia local y sus pastores.

Este libro ha pasado por algo más que las manos de estudiantes y trabajadores juveniles. Cientos de estudiantes de doctorado, pastores y colegas del ministerio han utilizado este libro y nos han ayudado a mejorarlo.

Ninguna persona nos ha ayudado más en este campo que nuestro querido amigo el Dr. Robert Saucy. Gracias por hacer que tengamos la responsabilidad de los más altos estándares de integridad bíblica. Estamos en deuda contigo, y también lo está el cuerpo de Cristo.

Un agradecimiento especial a Bob Hawkins Jr. por ser un socio tan vital en el ministerio.

Desde su presentación por primera vez, cientos de miles de estudiantes han leído *Rompiendo las cadenas: Edición para jóvenes*. Ahora también puedes experimentar, de forma gratuita, poderosos mensajes de veinte minutos acerca de la identidad y la libertad que acompañan a este libro y a *Emergiendo de la oscuridad*. Visita Infusionnow.org, donde los vídeos se pueden ver tanto en inglés como en español.

A través de la Biblia y de la voz del Espíritu Santo, Jesús se le revela y expresa su verdad fundamental e inmutable a cada generación. Podemos aprender mucho de los seguidores de Jesús que nos precedieron. Por eso es que incluimos citas de antiguos creyentes al comienzo de cada sección y capítulo de este libro. Dedica algún tiempo para leer estas declaraciones, busca palabras o frases que no entiendas, reflexiona y coméntaselas a un amigo creyente o un pastor, y asume la plena responsabilidad de lo que aprendas. El Señor puede incluso pedirte que investigues un poco para saber más sobre cada uno de estos santos de la antigüedad: a qué se enfrentaron y cómo influyeron en el mundo para Cristo. Nuestra oración es para que a medida que leas y reflexiones sobre estas citas,

- Dios te de una mejor comprensión de Satanás y sus maquinaciones, a fin de tratar de socavar tu firme fundamento en Cristo.
- Tengas más confianza en que Jesús y su verdad son los mismos ayer, hoy y siempre (Hebreos 13:18).
- Te sorprenda la realidad de que, en Cristo, eres parte de una familia y de un poderoso movimiento que se extiende por todo el mundo y a lo largo de los siglos. No estás solo; te uniste a la «congregación de los primogénitos de Dios, cuyos nombres están escritos en el cielo» (Hebreos 12:23, NTV).
- Te sientas inspirado a preguntar y considerar cómo Jesucristo, el que rompe las cadenas, quiere usarte para brindarles la verdadera libertad a quienes te rodean y a las generaciones futuras.

Esperamos que Dios te hable al leer esta nueva versión y que experimentes toda tu libertad en Cristo.

Neil y Dave

Si deseas más información sobre la capacitación para líderes de jóvenes, conferencias para estudiantes, eventos para padres, consejería sobre la libertad u otros recursos, comunícate con:

INFUSION MINISTRIES

PO Box 23495
Knoxville, TN 37933-1495

**Teléfono:** (865) 966-1153
**Correo electrónico:** office@infusionnow.org
**Sitio web:** https://es.infusionnow.org/

# ¡LIBRE AL FIN!

Hace unos años, hablé (Neil) en una iglesia acerca de los engaños espirituales. Me referí a 1 Timoteo 4:1: «El Espíritu dice claramente que en los últimos tiempos algunos apostatarán de la fe, prestando atención a espíritus engañadores y a doctrinas de demonios». Después de mi mensaje, en el frente del santuario me rodearon personas afligidas.

Atrás, más hacia el centro del santuario, estaba sentada una mujer de veintidós años que lloraba sin consuelo desde que terminó el servicio. Varias personas habían intentado consolarla, pero ella no permitía que nadie se le acercara. Al final, un miembro del personal de la iglesia se abrió paso entre la multitud que me rodeaba y dijo: «Lo siento, amigos, pero necesitamos que el Dr. Anderson vuelva de inmediato».

Mientras me acercaba a la joven, pude escucharla sollozar: «¡Él entiende! ¡Él entiende!». Pudimos sacarla del santuario y llevarla a una oficina privada. Después que se calmó, programé una cita para que pudiéramos reunirnos.

Cuando Nancy llegó para su cita, su rostro estaba marcado por feas heridas abiertas de arañazos.

—Me rasco así desde la semana pasada y no puedo controlarlo —admitió avergonzada.

Nancy describió su horrible infancia, que incluyó a un padre abusivo y a una abuela que se identificaba a sí misma como practicante de la magia negra.

—Cuando tenía tres años, recibí a mis guardianes... espíritus guías —continuó—. Eran mis compañeros, me decían cómo vivir y qué decir. Nunca cuestioné si tener espíritus guías fuera algo normal, hasta que mi madre me llevó a la Escuela Dominical. Entonces, comencé a sospechar que mis espíritus guías quizá no fueran buenos para mí. Cuando les pregunté a mis padres al respecto, mi padre me pegó. ¡Nunca volví a preguntar!

Para afrontar el creciente tormento que sus espíritus guías le llevaron a su vida, Nancy recurrió a una rígida disciplina personal. En sus años del instituto, confió en Cristo como su Salvador. Sin embargo, en lugar de marcharse, sus «guardianes» siguieron acosándola.

Después del instituto, Nancy se alistó en la Infantería de Marina. Decidida a convertirse en la infanta más dura, ganó premios por su disciplina. Aun así, su tormento espiritual mantenía su mente y sus emociones al límite. Se negaba a contarle a nadie sobre sus batallas mentales por temor a que la tildaran de loca. Al final, la presión la venció, y se quebrantó. Nancy aceptó sin reparos la baja médica y se retiró a una existencia solitaria de confusión y dolor internos. Esta era su condición cuando vino a la iglesia y me escuchó hablar sobre espíritus engañadores.

—¡Por fin alguien me entiende! —concluyó Nancy entre lágrimas.

—¿Te gustaría deshacerte de tus espíritus guías? —le pregunté.

—¿Se irán de verdad o me marcharé a casa y me apalearán de nuevo? —preguntó Nancy después de una larga pausa.

—Serás libre —le aseguré.

Dos horas más tarde, Nancy *estaba* libre, y nos abrazaba con una franqueza que nunca antes había conocido.

—¡Ahora puedo invitar gente a mi casa! —exclamó con alegría.

## LA REALIDAD DEL LADO OSCURO

La experiencia de Nancy no es infrecuente. Aunque el grado de su problema era algo excepcional, nos hemos dado cuenta de que Pablo tenía en mente a todos los creyentes cuando escribió «Nuestra lucha no es contra sangre y carne, sino contra principados, contra potestades, contra los poderes de este mundo de tinieblas, contra las huestes espirituales de maldad en las regiones celestiales» (Efesios 6:12). Hemos ministrado a miles de jóvenes cristianos en todo el mundo a quienes engañaban y tenían vidas derrotadas. Esto es una verdadera tragedia, pues su Padre celestial desea que vivan una vida libre y productiva en Cristo.

Nuestro viaje en este ámbito del ministerio no fue por elección propia. Nunca sentimos curiosidad por la actividad demoníaca ni el ocultismo. El atractivo del conocimiento y el poder ocultista nunca nos atrajo. Por otro lado, siempre hemos estado dispuestos a creer lo que la Biblia dice sobre el mundo espiritual, incluso cuando parece entrar en conflicto con la cosmovisión occidental. Como resultado, el Señor ha estado trayendo a cristianos como Nancy a vernos. Han estado dominados por patrones de pensamiento, hábitos y comportamientos que les han impedido vivir una vida libre y plena.

A través de años de aprendizaje y ministerio, tenemos una mejor comprensión de cómo la verdad nos hace libres y de la necesidad de resistir al diablo, así como de someternos a Dios (Santiago 4:7). Los ministerios que ignoran la realidad del mundo espiritual no tienen una respuesta adecuada, pero tampoco la tienen algunos ministerios de liberación que ven el problema solo como espiritual. Dios es realidad y Él se relaciona con nosotros como personas íntegras, y su Palabra proporciona la respuesta total para todos los que viven en este mundo caído.

## DIOS QUIERE QUE SEAS LIBRE Y CREZCAS EN CRISTO

Comprender el proceso de santificación (ser apartado para el propósito especial de Dios) es fundamental, ya que la voluntad de

Dios para nuestras vidas es nuestra santificación (1 Tesalonicenses 4:3). «Crezcamos en todos los aspectos en aquel que es la cabeza, es decir, Cristo [...], a la condición de un hombre maduro, a la medida de la estatura de la plenitud de Cristo» (Efesios 4:15, 13). Si Dios nos ha dado todo lo que necesitamos para madurar en Cristo (2 Pedro 1:3), ¿por qué no hay más cristianos creciendo en Cristo? Algunos jóvenes creyentes no son más semejantes a Cristo ahora de lo que eran hace cinco o diez años. Pablo dice: «El propósito de nuestra instrucción es el amor nacido de un corazón puro, de una buena conciencia y de una fe sincera» (1 Timoteo 1:5). Cada año de nuestra vida cristiana, deberíamos poder decir: «He crecido en mi fe, y ahora amo a Dios y a los demás más este año que el año pasado». Si no podemos decir eso, no estamos creciendo.

Parte de la razón de esta inmadurez y mundanalidad se nos muestra en 1 Corintios 3:2-3: «Os di a beber leche, no alimento sólido, porque todavía no podíais recibirlo. En verdad, ni aun ahora podéis, porque todavía sois carnales. Pues habiendo celos y contiendas entre vosotros, ¿no sois carnales y andáis como hombres?». Según Pablo, algunos cristianos ni siquiera pueden recibir una buena enseñanza de la Biblia a causa de conflictos no resueltos en sus vidas. Lo que se necesita es resolver de alguna manera estos conflictos personales y espirituales a través del arrepentimiento genuino y la fe en Dios. Ese es el propósito de este libro.

En nuestro primer libro, *Emergiendo de la oscuridad* (publicado por Unilit), nos centramos más en el aspecto personal de la vida del joven creyente en Cristo y su caminar por fe. Ese libro trata las cuestiones fundamentales de tu identidad en Cristo y describe pasos prácticos sobre cómo vivir por fe, caminar según el Espíritu, renovar nuestra mente, controlar nuestras emociones y resolver los traumas emocionales de nuestro pasado a través de la fe y del perdón. (Para ver el cuadro completo, te recomendamos de manera encarecida que leas *Emergiendo de la oscuridad*, así como este libro. Además, puedes visitar nuestro sitio web Infusionnow.org y ver los mensajes de veinte minutos sobre identidad y libertad que preparamos para ti. Este contenido se ofrece de forma gratuita).

Antes de recibir a Cristo, éramos esclavos del pecado. Ahora, debido a la obra de Cristo en la cruz, se quebrantó el poder que el pecado tenía sobre nosotros. Satanás ya no es nuestro dueño y no tiene derecho a decirnos lo que tenemos que hacer. Es un enemigo derrotado, pero está empeñado en impedir que nos demos cuenta de eso. El padre de la mentira puede bloquear tu eficiencia como cristiano si logra engañarte para que creas que no eres más que un producto de tu pasado: sujeto al pecado, propenso al fracaso y controlado por tus hábitos.

Pablo dijo: «Para libertad fue que Cristo nos hizo libres; por tanto, permaneced firmes, y no os sometáis otra vez al yugo de esclavitud» (Gálatas 5:1). Eres libre en Cristo, pero te derrotarán si el diablo puede engañarte para que creas que no eres más que un producto enfermo por el pecado de tu pasado. Satanás tampoco puede hacer nada respecto a tu posición en Cristo, pero si puede engañarte para que creas que lo que dicen las Escrituras no es cierto, vivirás como si no lo fuera. La gente está atada a las mentiras que creen. Por eso Jesús dijo: «Conoceréis la verdad, y la verdad os hará libres» (Juan 8:32).

No creemos en la madurez instantánea. Nos tomará el resto de la vida renovar nuestra mente y llegar a ser conformados a la imagen de Dios (Romanos 12:1). Sin embargo, no toma mucho tiempo ayudar a las personas a resolver sus conflictos personales y espirituales, y a encontrar su libertad en Cristo. Vivir libre en Cristo es parte de la santificación *posicional*, que es la base de la santificación *progresiva*. En otras palabras, no tratamos de *llegar a ser* hijos de Dios, *somos* hijos de Dios que estamos llegando a ser como Cristo. Una vez que las personas se deciden a vivir libres en Cristo a través del arrepentimiento genuino y la fe en Dios, ¡míralas crecer! Tienen una nueva sed de la Palabra de Dios, y saben quiénes son en Cristo porque «el Espíritu mismo da testimonio a nuestro espíritu de que somos hijos de Dios» (Romanos 8:16).

En este libro queremos describir la batalla espiritual en la que nos encontramos y cómo los jóvenes cristianos pueden encontrar su victoria en Cristo. La primera parte explica tu posición de libertad, protección y autoridad en Cristo. La segunda parte advierte de tu vulnerabilidad a la tentación, a la acusación y al engaño. La tercera parte presenta «Los pasos hacia la libertad en Cristo», que te permitirán someterte a Dios y resistir al diablo (Santiago 4:7).

## ¿POR QUÉ ESTE MUNDO ESTÁ ENCADENADO?

Muchos adolescentes se han preguntado por qué Dios nos puso en un mundo lleno de tantas ataduras. La verdad es que Dios no lo hizo. En cambio, nos puso en un huerto perfecto en comunión con Él. Nosotros somos los que decidimos rebelarnos y romper nuestra relación con Él. Desde ese terrible momento en el huerto, Dios ha estado tratando de mostrarnos el camino de regreso a Él. Sin embargo, Dios no solo quiere mostrarnos cómo ser salvos y perdonados; quiere revelarnos cómo caminar en libertad.

Deuteronomio 8:2 dice: «Recuerda que durante cuarenta años el Señor tu Dios te llevó por todo el camino del desierto, para humillarte y ponerte a prueba. Así llegaría a conocer lo que había en tu corazón y vería si cumplirías o no sus mandamientos» (NVI®). Dios quiere mostrarnos lo que hay en nuestros corazones. De eso se tratan *Los pasos hacia la libertad*, de encontrarnos con Cristo, a fin de que podamos aprender y entender las cosas ocultas en nuestro corazón.

A lo largo de los años, hemos encuestado a jóvenes de todo Estados Unidos y de muchos grupos en el extranjero y descubrimos que el setenta por ciento de los que asistieron a una conferencia estudiantil de *Emergiendo de la oscuridad* encontraron su libertad. En otras palabras, pudieron identificar un aspecto específico de libertad en sus vidas, como la liberación de la depresión, de la ansiedad o de un miedo particular. Los pensamientos atormentadores, la ira y el diálogo interno negativo desaparecieron. Los que luchaban contra la disforia de género experimentaron claridad y comprensión de su verdadera identidad sexual.

Cuando los estudiantes que asistieron al evento ingresaron también a un pequeño grupo de seguimiento de seis a diez semanas, la tasa aumentó al noventa por ciento. Experimentaron un nuevo sentido de autoestima y los hábitos negativos desaparecieron en unas seis semanas. ¿Eres tal vez uno de esos cristianos que vive esclavizado por el miedo, la depresión, los hábitos que no puedes romper, los pensamientos o las voces internas de las que no puedes alejarte, o los comportamientos pecaminosos de los que no puedes escapar? Dios ha hecho todas las provisiones para que vivas libre en Cristo.

El contraste entre la esclavitud y la libertad en la vida de un creyente se ilustra de manera poderosa en la siguiente carta. A diferencia de Nancy, según las apariencias, este hombre era un cristiano normal que asistía a la iglesia y parecía tener una vida muy exitosa tanto en su familia como en su carrera. Sin embargo, no experimentaba su libertad en Cristo.

> Estimado Neil:
>
> Me puse en contacto contigo porque estuve experimentando una gran cantidad de ataques «psicológicamente relacionados», al parecer inexplicables. Es probable que mis problemas emocionales estuvieran arraigados en las experiencias de mi infancia con las películas de terror, las tablas de Ouija, etc. Recuerdo muy bien que le temí a una visita de fuerzas diabólicas después de ver la película titulada *La sangre de Drácula*.
>
> Mi padre tenía un temperamento muy fuerte y era dado a arrebatos emocionales. Mi respuesta de supervivencia era enojarme y culparme por haberlo molestado. Ocultar mis emociones dentro se convirtió en una forma de vida. A medida que crecía hasta la edad adulta, seguía culpándome por todos y cada uno de los defectos y desgracias personales.
>
> Entonces, acepté a Cristo como mi Señor y Salvador personal. Crecí espiritualmente durante los siguientes

> años, pero nunca disfrutaba de una paz total. Siempre había una duda persistente acerca de mi relación con Dios, a quien veía como distante y severo. Tenía dificultades para orar, leer la Biblia y prestar atención a los sermones del pastor. Cuestionaba muy en serio el propósito de la vida. Experimentaba horribles pesadillas que me despertaban gritando.
>
> Durante mi tiempo de oración contigo fue que por fin encontré la libertad en Cristo. Me di cuenta de que Dios no es severo ni un castigador distante, sino un Padre amoroso que se alegra de mis logros. Experimenté una gran liberación cuando oré a través del Paso final.
>
> Ahora, cuando leo la Palabra de Dios, la entiendo como nunca antes. He desarrollado una actitud más positiva y mi relación con mi Señor ha cambiado por completo. Desde nuestra reunión, no he tenido una pesadilla.
>
> Neil, me temo que hay muchos cristianos como yo que llevan una vida de «desesperación silenciosa» debido al ataque de las fuerzas demoníacas. Si puedo ser presa de estas fuerzas y parecer estar bien, del mismo modo lo pueden estar otros.

A lo largo de estas páginas queremos presentarte a Aquel que ya venció las tinieblas y aseguró tu libertad: ¡Jesucristo, el que rompe las cadenas!

PRIMERA PARTE

# ¡ÁRMATE DE VALOR!

*Además, nuestros libros sagrados nos instruyen sobre cómo de ciertos ángeles, que cayeron por su propia voluntad, surgió una generación de demonios más malvados, condenados por Dios [...] Su gran tarea es la ruina de la humanidad. Por consiguiente, infligen en nuestros cuerpos enfermedades y otras calamidades graves. Y mediante agresiones violentas, apresuran al alma a excesos repentinos y extraordinarios [...] Por una influencia igual de oscura, los demonios [...] respiran en el alma y despiertan sus corrupciones con pasiones furiosas y viles excesos.*

**TERTULIANO (160-220 D. C.)**

1

# NO TIENES QUE VIVIR EN TINIEBLAS

*Pablo también dice: «El hombre natural no acepta las cosas que provienen del Espíritu de Dios». La sabiduría complaciente y orgullosa se describe muy bien como terrenal, no espiritual y diabólica, porque mientras el alma busque la gloria terrenal, se priva de la gracia espiritual y permanece separada de Dios. Por ahora, solo piensa en lo que le es natural, ya que cayó en un principio. Está convencida por la ilusión de un espíritu maligno para que haga cosas que sean malvadas y dañinas.*

BEDA (673-735 D. C.)

Recuerdo (Neil) haber aconsejado a una joven cristiana que estaba sumida en una profunda confusión espiritual, mental y emocional. En un momento dado, antes de que comenzara a reunirme con ella, escribió la siguiente oración, y diez minutos después intentó suicidarse, sin éxito, con una sobredosis de pastillas:

> Querido Dios:
>
> ¿Dónde estás? ¿Cómo puedes mirar y no ayudarme? Siento mucho dolor, y ni siquiera te importa. Si te

> importara, harías que se detuviera o me dejarías morir. Te amo, pero pareces muy lejos. No puedo escucharte, sentirte ni verte, pero se supone que debo creer que estás aquí. Señor, a ellos los siento y los oigo. Están aquí. Sé que eres real, Dios, pero ahora ellos son más reales para mí. Por favor, haz que alguien me crea, Señor. ¿Por qué no los detienes? ¡Por favor, Señor, por favor! Si me amas, me permitirás morir.
>
> Una oveja perdida

Hemos conocido a cientos de jóvenes cristianos como la mujer que escribió esta conmovedora nota. En su mayoría, no intentaban suicidarse como lo hizo esta, pero muchos hablaron de oscuros deseos de hacerlo. Y casi todos admitieron la presencia de «ellos»: impulsos internos o voces que los acosaban, tentaban y se burlaban acusándolos o amenazándolos.

El hecho de que las personas luchen con pensamientos negativos u opuestos está bien aceptado. A menudo les advertimos a los jóvenes que programan citas para hablar con nosotros que pueden tener pensamientos opuestos como: «No vayas; no pueden ayudarte». O les vendrán a la mente pensamientos que les distraigan, como: «No quiero ir» o «He intentado esto antes y no dio resultado». Una persona me escribió (Neil): «Cada vez que trato de hablar con usted, o incluso de pensar en hablar con usted, me cierro por completo. Las voces en mi interior literalmente me gritan: "¡No!". Incluso, he considerado suicidarme para terminar esta terrible batalla que continúa en mi interior. ¡Necesito ayuda!».

A lo largo de los años, a cualquier parte que vamos, hemos encuestado a estudiantes cristianos del instituto y les hemos preguntado: «¿Has escuchado "voces" en tu cabeza como si hubiera un yo subconsciente hablándote, o has luchado contra malos pensamientos?». ¡El setenta por ciento respondió que sí! Si luchas con pensamientos tentadores o acusadores en tu cabeza, no eres el único.

Es posible que no le hayas contado a nadie tus experiencias porque temes que la gente piense que eres un enfermo mental. Quizá te quedaras callado porque piensas que estás loco. Quizá te enseñaran que los cristianos no pueden tener este tipo de problemas.

Sin embargo, llegó el momento de que despertemos al hecho de que Satanás es real y que los demonios existen. Si escuchas voces atormentadoras en tu cabeza o sientes una presencia oscura en tu habitación por la noche (y el cuarenta y siete por ciento de los estudiantes que hemos encuestado lo han sentido), no estás loco; estás bajo ataque. Necesitas saber cómo defenderte de los dardos de fuego de Satanás. De eso trata este libro.

Muchos cristianos no se quejan de escuchar voces, pero sus mentes están llenas de tal confusión que su caminar diario con Cristo es desalentador por completo. Cuando tratan de orar, empiezan a pensar en un millón de cosas que deberían estar haciendo. Cuando se sientan a leer la Biblia o un buen libro cristiano, no pueden concentrarse. Cuando tienen la oportunidad de servir al Señor de alguna manera, se dan por vencidos debido a pensamientos de duda: «No soy un cristiano fuerte»; «No sé lo suficiente sobre la Biblia»; «Soy demasiado joven»; «Tengo demasiados pensamientos pecaminosos». En lugar de ser cristianos victoriosos, dinámicos y llenos de gozo, caminan penosamente por la vida bajo una nube, solo tratando de resistir hasta que Jesús venga. De seguro que parte de este desánimo se debe a nuestro propio pensamiento erróneo, pero también puede reflejar el engaño del enemigo.

## CONCEPTOS ERRÓNEOS COMUNES SOBRE LAS ATADURAS

¿De dónde vienen las voces malignas, los malos pensamientos, los sentimientos de culpa y la confusión? Una de las principales razones por las que tantos jóvenes están en esclavitud hoy en día es porque no saben las respuestas a estas preguntas. Viven bajo una serie de conceptos erróneos acerca del mundo espiritual que deben corregirse. Esto es lo que algunos cristianos creen falsamente... y a Satanás le encanta.

1. *Los demonios estaban activos cuando Cristo se encontraba en la tierra, pero no lo están mucho hoy.* Los jóvenes cristianos que creen esto después de leer lo que dice la Palabra de Dios y ver lo que sucede en el mundo actual, no enfrentan los hechos. El Nuevo Testamento dice con claridad que los creyentes lucharán «contra huestes espirituales de maldad en las regiones celestiales» (Efesios 6:12). Pablo continúa describiendo cada pieza de la armadura espiritual que debemos ponernos para defendernos contra «los dardos encendidos del maligno» (versículo 16). Si los poderes espirituales de las tinieblas ya no atacan a los creyentes, ¿por qué Pablo nos advierte de esto e insiste en que nos armemos en su contra?

Los poderes y las fuerzas sobre los que Pablo escribió todavía existen hoy. Puedes verlo en tu escuela. ¿Cuántos amigos conoces que están involucrados en actividades de internet, videojuegos y películas que tienen un toque espiritual? Lo demoníaco solo se presenta como un tema de la trama o un dispositivo de entretenimiento. La verdad es que lo demoníaco es real. La astrología en línea, los juegos de ocultismo y las experiencias cinematográficas pueden abrir en potencia una puerta al miedo y al enemigo.

El reino de las tinieblas sigue presente, y Satanás quiere hacernos la vida desdichada y evitar que caminemos fuertes y erguidos en Cristo. Si no crees que Satanás y sus demonios están presentes y ocupados, Dios o tú tendrán que asumir la culpa de todo el mal que Satanás está descargando sobre ti y el resto del mundo.

2. *Lo que los primeros cristianos llamaban actividad demoníaca no es más que una enfermedad mental.* Si uno de tus amigos dijera que escucha voces internas o siente una presencia oscura en su habitación, la mayoría de los consejeros seculares dirían: «Tiene un problema mental; está paranoico». Muy pocos pensarían que es un problema espiritual, la actividad de los demonios de Satanás. ¿Por qué? Porque una explicación natural es lo mejor que tales consejeros pueden hacer sin una creencia en Dios o en la existencia de Satanás. La comprensión que el mundo secular tiene de nuestros problemas es solo incompleta. Ignora la realidad del mundo espiritual.

No todos los problemas físicos, mentales y emocionales que experimentan los jóvenes cristianos son demoníacos de manera específica. En cambio, ignorar la presencia y la influencia de Satanás y sus demonios dejará muchos problemas sin resolver.

3. *Algunos problemas son psicológicos y otros espirituales.* Esta falsa creencia sugiere que el alma y el espíritu humanos están separados, lo cual no es cierto. No hay problema que no sea psicológico, pues nunca hay un momento en el que nuestra mente, nuestras emociones y nuestra voluntad no estén involucradas. Y no hay problema que no sea espiritual, pues no hay momento en el que Dios no esté presente o en el que sea seguro para nosotros quitarnos la armadura de Dios.

Decir que un problema es solo psicológico pasa por alto cómo Dios y Satanás están involucrados. Decir que un problema es solo espiritual ignora nuestra responsabilidad sobre cómo debemos pensar, sentir y elegir. A fin de abordar nuestros conflictos internos, debemos tener en cuenta tanto las influencias psicológicas como las espirituales.

4. *Los cristianos no pueden verse afectados por fuerzas demoníacas.* Esta es una mentira que al diablo le encantaría que nos tragáramos para que bajáramos nuestras defensas en su contra. Si Satanás no puede tocar a los cristianos, ¿por qué se nos dice que nos pongamos la armadura de Dios, que resistamos al diablo, que nos mantengamos firmes y que estemos alerta? Si Satanás no nos puede engañar, ¿por qué Pablo habla de nuestra relación con los poderes de las tinieblas como si fuera un combate de lucha libre? Los que dicen que el enemigo no puede influir en nosotros son los más vulnerables a él.

5. *La actividad de los demonios solo se ve en comportamientos extraños o en pecados graves.* Hoy en día, todavía existen casos de actividad demoníaca como el del hombre salvaje poseído por el demonio llamado «Legión» en Lucas 8:26-39. Sin embargo, casi todos los jóvenes cristianos bajo ataque espiritual llevan vidas bastante normales mientras experimentan serios problemas internos para los cuales no se ha encontrado ninguna causa natural o

solución. Debido a que piensan que el ataque satánico solo ocurre en los casos de asesinos en masa o delincuentes sexuales violentos, esta gente común y corriente se pregunta qué les pasa y por qué no pueden «mejorar».

La primera y esencial estrategia de Satanás es el engaño. Pablo advirtió: «Satanás se disfraza como ángel de luz. Por tanto, no es de sorprender que sus servidores también se disfracen como servidores de justicia» (2 Corintios 11:14-15). No son unas pocas personas raras o violentas las que constituyen el principal problema. Más bien, es el engaño sutil de Satanás y su intrusión en la vida de los creyentes «normales» como nosotros lo que nos impide ser eficientes.

6. *La libertad de la esclavitud espiritual es el resultado de un encuentro de poder con las fuerzas demoníacas.* La libertad de problemas y ataduras espirituales no es el resultado de un encuentro de poder; es el resultado de un encuentro con la *verdad.* Satanás es un mentiroso, y trabajará encubierto a toda costa. La verdad de la Palabra de Dios, en cambio, lo expone a él y a sus mentiras. Sus demonios son como cucarachas que se escabullen por las sombras cuando se enciende la luz. El poder de Satanás está en la mentira, y cuando la verdad revela su mentira, se frustran sus planes. El poder de Satanás se quebrantó en la cruz. Es un enemigo derrotado.

Entonces, ¿cómo puede ser tan eficaz? Permíteme ilustrarlo con una anécdota de la infancia.

Cuando era niño (Neil) y crecía en el campo, mi papá, mi hermano y yo visitábamos la granja de nuestro vecino. Este vecino tenía un perrito muy ladrador que me asustaba mucho. Cuando se aparecía ladrando por una esquina, mi padre y mi hermano se mantenían firmes, pero yo corría. ¡Adivina a quién perseguía el perro! Escapaba a lo alto de nuestra camioneta mientras el perrito me ladraba desde el suelo.

Todo el mundo, excepto yo, podía ver que el perrito no tenía ningún poder sobre mí, excepto el que yo le daba al no plantarle cara. El perro no tenía fuerzas para subirme a la camioneta; era mi creencia la que me ponía en esa situación. Ese perro me controlaba utilizando mi mente, mis emociones, mi voluntad y mis músculos, todo motivado por el miedo. Al final, me armé de valor, salté de la camioneta y pateé una pequeña piedra contra el perro callejero. ¡Y echó a correr!

Satanás es como ese perrito ladrador, engañando a las personas para que le teman más que a Dios. Su poder está en la mentira. Es el padre de la mentira (Juan 8:44) que engaña al mundo entero (Apocalipsis 12:9) y, por consiguiente, todo el mundo está bajo la influencia del maligno (1 Juan 5:19).

El diablo no puede hacer nada en cuanto a tu posición en Cristo. No obstante, si puede engañarte para que creas sus mentiras sobre Dios y tú, ¡pasarás mucho tiempo encima de la camioneta! No tienes que gritarle más fuerte ni dominarlo para liberarte de su influencia. Solo tienes que someterlo con la verdad. *Cree, declara y actúa según la verdad de la Palabra de Dios*, y arruinarás la estrategia de Satanás.

Este concepto ha tenido un efecto drástico en nuestra consejería. A menudo, cuando se revelaba un conflicto espiritual en alguien en consejería, se convertía en un encuentro de poder. La persona quedaba inconsciente, salía corriendo de la habitación o empezaba a comportarse como si estuviera loca. Nuestro primer enfoque habitual era hacer que el demonio se expusiera y luego ordenarle que se fuera. Este proceso solía ser muy difícil para la persona a la que intentábamos ayudar. Y aunque se hacían progresos, casi siempre había que repetir el proceso.

Hemos aprendido de la Biblia y de nuestra experiencia que la *verdad* es lo que libera a las personas. El poder de Satanás está en la mentira y el poder del creyente está en conocer la verdad. Debemos buscar la verdad que nos hace libres.

Además, las personas que están en esclavitud no se liberan por lo que hace el consejero, sino por lo que hacen *ellas*. No es lo que Neil, Dave, tu pastor o líder juvenil creen lo que rompe el control de Satanás sobre tu vida; es lo que *tú* crees. Y lo que crees debe ser la verdad. Fíjate en los siguientes versículos:

- Conocerán la verdad, y la verdad los hará libres (Juan 8:32, NVI®).
- Jesús le dijo: Yo soy el camino, y la verdad, y la vida (Juan 14:6).
- Cuando Él, el Espíritu de verdad, venga, os guiará a toda la verdad (Juan 16:13).
- [Jesús oró al Padre:] «No te pido que los quites [a los cristianos] del mundo, sino que los protejas del maligno [...]. Hazlos santos con tu verdad; enséñales tu palabra, la cual es verdad» (Juan 17:15, 17, NTV).
- Manténganse firmes, ceñidos con el cinturón de la verdad (Efesios 6:14, NVI®).
- Por lo demás, hermanos, todo lo que es verdadero [...] en esto meditad (Filipenses 4:8).

Cuando Dios disciplinó por primera vez a la iglesia primitiva, como se registra en Hechos 5, lo hizo de una manera impresionante. Dos personas cayeron muertas cuando se descubrió su pecado. ¿Cuál era el problema: drogas, sexo? No, el problema era la *verdad*. Pedro confrontó a Ananías y Safira: «¿Por qué ha llenado Satanás tu corazón para mentir al Espíritu Santo [...]?» (versículo 3). Dios quería que la iglesia supiera que Satanás, el engañador, puede arruinarnos si logra que creamos y vivamos una mentira. Por eso es tan importante llevar «cautivo todo pensamiento a la obediencia a Cristo» (2 Corintios 10:5, RVR60).

## CÓMO LIBERAR A LOS CAUTIVOS

Antes de que Jesús muriera en la cruz y resucitara de entre los muertos, Dios le dio poder a Él y a sus discípulos escogidos, a fin de tomar autoridad sobre los poderes demoníacos en el mundo. Sin embargo, algo radical sucedió en la cruz y en la resurrección que cambió para siempre la forma en que nos enfrentamos a las fuerzas espirituales.

En primer lugar, la muerte y resurrección de Jesús triunfaron y desarmaron a los gobernantes y autoridades del reino de las tinieblas (Colosenses 2:15, NVI®). Antes de la cruz, «toda autoridad en el cielo y en la tierra» (Mateo 28:18, NVI®) no se le había dado aún a Cristo. Sin embargo, Mateo 28:18 nos asegura que el Cristo resucitado ahora tiene toda la autoridad. Gracias a la cruz, Satanás está derrotado y no tiene autoridad sobre los que están en Cristo. Creer en la verdad de la victoria de Cristo y la derrota de Satanás es el primer paso para afrontar con éxito los intentos del enemigo de desalentarte y perturbarte.

En segundo lugar, en la muerte y resurrección de Cristo a cada creyente se le dio vida y ahora está sentado con Él (Efesios 2:5-6). Ya no necesitas que otra persona, como un pastor o un líder juvenil, ejerza la autoridad sobre Satanás por ti. Ahora resides en Jesucristo, quien tiene toda autoridad. Para resistir al diablo, necesitas entender y ejercer tu posición y autoridad en Cristo.

La libertad es tu herencia como cristiano. Por eso Pablo escribió:

> Pido también que el corazón les rebose de luz para que puedan vislumbrar el futuro que Él nos permitirá compartir. ¡Quiero que se den cuenta que si Dios nos ha enriquecido es porque somos de Cristo y hemos sido dados a Él! Oro para que vayan comprendiendo lo increíblemente inmenso que es el poder con que Dios ayuda a los que creen en Él, poder que levantó a Cristo de entre los muertos y lo sentó a la derecha del Altísimo, en gloria, muy por encima de cualquier rey, gobernante, dictador o caudillo. Sí, la gloria de Cristo es mucho mayor que la que cualquiera haya alcanzad en este mundo o alcanzará en el venidero (Efesios 1:18-21, LBD).

Cuando Satanás te acosa, es posible que quieras arrastrarte bajo una roca en medio de la tristeza, como la chica cuya nota de oración abrió este capítulo. Puedes clamar a Dios para que te libere, como Jesús liberó de manera milagrosa e instantánea a las personas endemoniadas en los Evangelios. Sin embargo, tu liberación ya se logró gracias a la obra de Cristo en la cruz y su resurrección. Esas son las buenas noticias que Pablo trataba de darnos en su oración. Puesto que estás con Cristo en la luz, nunca más necesitarás vivir en las sombras.

Aun así, tu responsabilidad es la de elegir la verdad y resistir al diablo. Desde tu posición en Cristo, debes resistir al diablo, renunciar (lo que significa darle la espalda) a cualquier forma en que hayas participado en sus maquinaciones, confesar tu pecado y perdonar a quienes te han ofendido. Estos pasos críticos hacia la libertad en Cristo son el enfoque de la tercera parte de este libro.

La chica que se llamaba a sí misma «Una oveja perdida» en la carta al comienzo de este capítulo, por fin obtuvo la visión de Dios sobre su condición. Cuatro años después de escribir su desesperada oración, escribió esta respuesta basándose en su nueva comprensión de la provisión de Dios para ella en Cristo. Sus palabras se basan en las Escrituras. Permite que te iluminen un poco las sombras de tu vida.

> Mi querida oveja perdida:
>
> Me preguntas dónde estoy. Hija mía, estoy contigo y siempre lo estaré. Tú eres débil, pero en mí eres fuerte. Te amo tanto que no puedo dejarte morir. Estoy tan cerca que siento todo lo que sientes.
>
> Sé por lo que estás pasando, porque lo estoy pasando contigo. Sin embargo, te liberé y debes mantenerte firme. No necesitas la muerte física para que mis enemigos se vayan, sino estar crucificada conmigo y viviré en ti, y tú vivirás conmigo. Te dirigiré por sendas de justicia. Hija mía, te amo, y nunca te abandonaré, porque eres mía en verdad.
>
> Con amor,
> Dios

## ENCUENTRO CON LA VERDAD

### LEE

Juan 8:32; 14:6; 16:13

### REFLEXIONA

1. ¿Podrías identificarte con los cristianos de este capítulo que se sintieron oprimidos en lo espiritual? ¿Qué experiencias has tenido?
2. ¿Has estado expuesto a alguna de las ideas erróneas mencionadas en este capítulo? ¿Aceptaste alguna como cierta? ¿Cómo afectaron esas ideas erróneas a tu vida?
3. ¿Sientes que entiendes por completo cómo usar tu autoridad en Cristo y resistir al diablo? ¿Qué puedes aprender acerca de tu autoridad en Cristo de los siguientes pasajes de las Escrituras? Lucas 9:1-2; 10:1,17; Efesios 1:16-23
4. ¿Alguna vez has sentido que tu caminar personal con Cristo es incompleto o que no estás creciendo? ¿De qué maneras?

### RESPONDE

Dedica unos momentos para orar y pedirle al Señor que te revele cualquier idea errónea que puedas tener sobre las ataduras o el mundo espiritual que nos rodea. Pídele al Señor que reemplace cualquier engaño que puedas tener con su verdad. Pídele que te ayude a crecer en tu comprensión de quién eres en Cristo.

2

# ENCUENTRA TU CAMINO EN EL MUNDO

*Cuanto más fuerte seas en tu fe, mayor será tu confianza en que podrás vencer las artimañas del diablo. En este empeño, también te ayudará saber que lo que estás pasando es algo común para la comunión de todos los cristianos en el mundo entero. Desde el principio de los tiempos, la suerte de los justos ha sido sufrir, y qué vergüenza sería si fueras el único incapaz de soportar.*

BEDA (673-735 D. C.)

En el instituto, leí (Dave) la escalofriante novela de William Golding *El señor de las moscas*. Tal vez la leyeras en una clase de inglés o de literatura. El libro trata sobre un grupo de niños varados en una isla sin supervisión de un adulto. Al principio, se tratan con amabilidad y respeto, como les enseñaron. Sin embargo, con el tiempo, el lado malvado de su naturaleza toma el control, dando lugar al odio, la violencia y hasta el asesinato.

El título del libro procede de una referencia bíblica a Satanás. Beelzebú, uno de los nombres de Satanás en la Biblia, significa literalmente «señor de las moscas». Este es uno de los títulos más descriptivos del diablo en las Escrituras. Satanás es como una molesta mosca portadora de enfermedades, que acosa e infecta a todos los creyentes con sus tentaciones, acusaciones y mentiras.

Esta imagen de Satanás nos impresionó mucho a mi esposa, Grace, y a mí un verano cuando volvimos a casa después de un viaje de tres semanas. Nuestro primer indicio de que algo andaba muy mal llegó cuando abrimos la puerta principal y un enjambre de moscas salió zumbando. A las moscas les siguió un fuerte olor que nos dio de lleno en la cara. Era evidente que dentro había algo muy muerto.

Cuando llegamos a la cocina, el olor nos provocaba arcadas. Y allí, en el suelo, delante de nuestro congelador, estaba la fuente. De alguna manera, la puerta del congelador se abrió y se cayó un pollo congelado. El ave podrida tenía casi el doble de su tamaño original, y latía y burbujeaba como si estuviera viva. Durante las tres semanas que estuvimos fuera, el pollo se había descongelado y transformado en una maternidad de moscas. Cuando traté de recoger el maloliente cadáver con un recogedor, se abrió de golpe y miles de gusanos retorcidos se desparramaron por el suelo. ¡Casi nos desmayamos!

Esta burda imagen ilustra cómo es Satanás. Pulula alrededor de la gente que está espiritualmente muerta o que vive fuera de la armonía con Dios. Planta sus mentiras en nuestras mentes, y si no le resistimos con la verdad, sus ideas malignas nos carcomen como gusanos, destrozándonos.

Golding quiere hacernos creer que el «señor de las moscas» es el lado malvado y bestial de la naturaleza humana, no Satanás, el ser que gobierna el lado oscuro del mundo espiritual. A Satanás le gustaría que creyéramos que no existe en realidad y que el mal es solo una debilidad humana. Es más, Satanás no quiere que creamos en la existencia del mundo espiritual. Sin embargo, la imagen del mal que ofrece Golding es incompleta. Tenemos tres enemigos muy presentes y personales: las influencias malignas del mundo, la carne (nuestra tendencia a vivir nuestras propias vidas sin Dios) y, lo que más se pasa por alto hoy en día, el diablo. Satanás es un ser real, pero invisible. Él y sus demonios están vivos y activos en nuestro mundo actual. No obstante, como lo ilustra la novela de William Golding, ha tenido mucho éxito en convencer a la gente de que *ella* es malvada y que él, el maligno, no existe.

Mientras los cristianos han estado cuestionando la realidad de Satanás y la influencia de los demonios, muchas personas se han lanzado a toda velocidad en el lado oscuro del mundo espiritual. El movimiento de la Nueva Era, que alcanzó prominencia en la década de 1970 y aún ejerce influencia en la sociedad contemporánea, enseña que somos dioses y que podemos crear la realidad con nuestra mente. Se puede escuchar a los canalizadores de la Nueva Era (que en realidad son médiums espirituales) en pódcasts y redes sociales alardeando de sus guías espirituales (que en realidad son demonios).

La parapsicología (el estudio de lo oculto) se está aceptando como «ciencia» en nuestras universidades. La fascinación por lo sobrenatural continúa creciendo, como lo demuestra la popularidad de cientos de títulos de Netflix que tienen lo oculto o lo demoníaco como tema.

El poder seductor del satanismo es cada vez más evidente en nuestra cultura, pero a menudo se trata como un tema de ficción para películas de terror. La verdad es que los adolescentes están luchando contra influencias demoníacas reales y poderosas.

Hace poco me invitaron (a Dave) a dar una charla en una escuela cristiana. El director y los profesores me pidieron que le hablara a todo el alumnado sobre la disforia de género. La disforia de género (o confusión de género) es un conflicto entre el sexo biológico de una persona y su identidad de género autopercibida. Si bien en la disforia de género intervienen factores hormonales, ambientales y genéticos, querían que abordara la posibilidad de que fuerzas demoníacas formen parte de la ecuación. Después de mi charla, algunos estudiantes empezaron a acudir a sus profesores y les dijeron que estaban experimentando personalmente voces en sus mentes e influencias que describían como espirituales. Sufrían en silencio debido a que tenían miedo de hablar con nadie sobre lo que estaban sintiendo y experimentando. El poder del mundo, de la carne y del diablo es muy real, y debemos estar armados con la verdad. A fin de evitar esta trampa, debemos entender este mundo desde la perspectiva de Dios.

## LA COSMOVISIÓN EN DOS NIVELES

¿Cuál es tu cosmovisión? Quizá nunca antes escucharas ese término. Una cosmovisión es cómo entiendes el mundo que te rodea y cómo te relacionas con él. En otras palabras, una cosmovisión es como un par de lentes a través de los cuales ves lo que sucede en el mundo. Tu cosmovisión es lo que crees sobre la realidad.

El mundo occidental (América del Norte y partes de Europa Occidental) ve la realidad en dos niveles (consulta la ilustración #1). El nivel superior es el mundo oculto, invisible, que se comprende a través de la religión y las experiencias espirituales. El nivel inferior es el mundo natural que se comprende a través de la ciencia y de los sentidos físicos.

| | |
|---|---|
| El mundo invisible de Dios y las fuerzas espirituales | **Religión** |

***El medio excluido***

| | |
|---|---|
| El mundo visible de los sentidos | **Ciencia** |

Ilustración #1

A los que nos hemos educado en Occidente se nos ha enseñado que el mundo espiritual, invisible, no tiene ningún efecto práctico en el mundo natural. Se nos ha excluido de nuestra comprensión de la realidad. Se nos ha enseñado a confiar solo en lo que podemos ver, oír, tocar, saborear, oler y medir en un laboratorio. Muchas personas ignoran, dudan o se ríen de la idea de que los espíritus malignos tengan un impacto sobre nosotros. Otros pueden decir que creen en Dios, pero lo consideran ajeno a los asuntos humanos.

A diferencia de Occidente, dos tercios de la población mundial tienen una cosmovisión oriental. Creen que las fuerzas espirituales son una realidad cotidiana. Estas personas complacen a sus dioses con ofrendas de paz y realizan rituales religiosos para ahuyentar a los espíritus malignos. Para la gente común y corriente de muchas naciones del Tercer Mundo, la práctica religiosa o la superstición son más convenientes en la vida diaria que la ciencia.

Para los que nos criamos en Occidente, nos resulta fácil decir que la cosmovisión oriental es errónea debido a todo el «éxito» del mundo occidental. *Sin embargo, ambos sistemas son mundanos, y ninguno refleja lo que la Biblia dice que es real.*

El Dr. Paul Hiebert, un experto en misiones, le ha llamado a esta separación occidental entre lo natural y lo espiritual el «medio excluido». Cree que las fuerzas espirituales están activas en el mundo físico. Debemos incluir el mundo espiritual, incluido el reino de las tinieblas, en nuestra cosmovisión, ¡pues lo cierto es que no hay un término medio excluido!

Para mostrar cómo este pensamiento de dos niveles ha afectado las creencias de algunos cristianos occidentales, permítanme (a Neil) hablarles de una joven brillante llamada Dee, hija de un pastor. Dee desarrolló síntomas físicos que más tarde los diagnosticaron como esclerosis múltiple. Cuando me enteré de la condición de Dee y de las perspectivas de su vida con esta enfermedad paralizante, busqué una oportunidad para hablar con ella.

—¿Cuándo te diste cuenta por primera vez de los síntomas? —le pregunté.

—Justo después de un tiempo devocional especial que tuve con el Señor —respondió Dee.

—¿Qué tuvo de especial tu devocional ese día?

—Sentí pena de mí misma cuando leí el pasaje en el que Pablo hablaba de su espina en la carne. Pablo dijo que el poder de Dios se perfeccionaba en su debilidad, y yo también quería el poder de Dios en mi vida. Así que le pedí una espina en la carne.

—¿Le pediste a Dios una espina en la carne? —le pregunté intentando de disimular mi sorpresa.

—Sí.

—¿Sabes cuál era la espina en la carne de Pablo?

—Algún tipo de problema físico, ¿no?

—Bueno, no se nos dice cómo se manifestó, pero 2 Corintios 12:7 dice con claridad que fue un ángel de Satanás: ¡un demonio! Pablo nunca lo pidió. Es más, oró tres veces para que se lo quitaran. Dee, creo que Satanás se aprovechó de tu oración no bíblica y te afligió con estos síntomas. Te recomiendo de todo corazón que renuncies a tu petición de una espina en la carne y ores para que se elimine de tu vida cualquier influencia de Satanás.

Dee recibió mi consejo y oramos juntos. Empezó a sentirse mejor casi de inmediato. Los síntomas desaparecieron y retomó sus actividades normales. Varios meses después, los síntomas comenzaron a reaparecer. En ese momento, la guie más a fondo a través de los Pasos hacia la Libertad (consulta la tercera parte de este libro). Hoy en día, Dee es libre.

La primera reacción del padre de Dee ante su enfermedad fue la típica de muchos cristianos occidentales que solo buscan una explicación natural: «Nunca consideré siquiera que la enfermedad de Dee fuera un problema espiritual». Por la misma razón, algunas personas dirían que la «recuperación» de Dee fue la remisión de una enfermedad física en lugar de la liberación de la actividad demoníaca.

Muchos cristianos excluyen lo sobrenatural de su cosmovisión o creen que no tiene ningún efecto en sus vidas. Al hacerlo, excluyen el poder de Dios de sus creencias y prácticas. También intentan explicar todos los problemas humanos (incluso los provocados por influencias demoníacas, como los síntomas de Dee) como el resultado de causas mentales o físicas.

## LA VIDA EN EL MEDIO EXCLUIDO

La cosmovisión cristiana contempla la vida a través de la Biblia, no de la cultura ni de la experiencia. La Biblia enseña con claridad que en el mundo natural actúan fuerzas sobrenaturales y espirituales. Por ejemplo, alrededor de una cuarta parte de todas las sanidades de las que se habla en el Evangelio de Marcos fueron en realidad liberaciones de actividades demoníacas. La mujer a la que Jesús sanó en Lucas 13:11-13 fue víctima de una «enfermedad causada por un espíritu» durante dieciocho años.

Además de Dee, muchas otras personas que hemos aconsejado vinieron a nosotros con problemas físicos que desaparecieron poco después que se trató la influencia demoníaca. Los síntomas físicos más comunes que hemos visto son dolores de cabeza, mareos, incapacidad para leer y concentrarse en la Palabra de Dios, y dolor general en todo el cuerpo.

No estamos diciendo que todas las personas enfermas o con dolor estén aterrorizadas por un demonio. Eso es ir demasiado lejos hacia el nivel espiritual invisible. Sin embargo, algunos cristianos luchan sin éxito contra los síntomas físicos por medios naturales cuando los problemas básicos y las soluciones son espirituales. Por supuesto, ve a ver a tu médico, quien te examinará y te tratará físicamente, y ve a tu pastor, quien debería poder ayudarte en lo espiritual.

Jesús nos dejó «en el mundo» (Juan 17:11) para luchar contra «las huestes espirituales de maldad en las regiones celestiales» (Efesios 6:12). Vivimos en el mundo natural, pero estamos inmersos en una guerra espiritual. El medio excluido solo existe en nuestras mentes mundanas, no en la realidad.

### La espiritualidad sin Dios

Los jóvenes de Occidente han empezado a percibir que hay algo más en la vida de lo que las ciencias naturales han revelado. A primera vista, esta nueva hambre puede parecer alentadora para quienes tenemos una cosmovisión cristiana. Sin embargo, muchos jóvenes insatisfechos con el mundo materialista suelen estar descontentos con la religión organizada. En lugar de volverse a Cristo y a su Iglesia, intentan llenar su vacío espiritual con el yo.

El centro de su cosmovisión es el yo: ¿Qué obtendré *yo* de esto? ¿Qué pasa con *mis* necesidades? Estoy haciendo lo *mío* con mi iPhone y mi iPad. El problema del orgullo es que tiene al *yo* como su centro. Algunos incluso llegan a decir que *yo* puedo determinar *mi* propia sexualidad. *Yo* puedo determinar lo que está bien y lo que está mal.

Jesús confrontó al apóstol Pedro por poner sus intereses en sí mismo en lugar de hacerlo en Dios. Momentos después de confesar la verdad fundamental de que Jesucristo es el Mesías, el Hijo del Dios viviente (Mateo 16:13-16), Pedro se encontró aliado con los poderes de las tinieblas. Acabando de bendecir a Pedro por su noble confesión, Jesús les anunció a él y a los demás discípulos el sufrimiento y la muerte que le esperaban en Jerusalén. «Tomándole aparte, Pedro comenzó a reprenderle, diciendo: ¡No lo permita Dios, Señor! Eso nunca te acontecerá» (versículo 22). Jesús respondió: «¡Quítate de delante de mí, Satanás! Me eres piedra de tropiezo; porque no estás pensando en las cosas de Dios, sino en las de los hombres» (versículo 23).

La memorable reprimenda de Jesús parece despiadadamente severa, pero el hecho de que identificara a Satanás como la fuente de las palabras de Pedro describe de manera precisa y apropiada el carácter del consejo que Pedro intentaba dar. El comentario de Pedro era satánico en principio, pues el objetivo principal de Satanás es promover el interés propio como fin principal del hombre. A Satanás se le llama príncipe de este mundo debido a que el interés propio gobierna este mundo. Se le llama acusador de los hermanos, pues no cree que ni siquiera un hijo de Dios tenga un motivo más elevado que el servicio a sí mismo. El maligno susurra: «Sálvate a ti mismo a toda costa. Sacrifica el deber al interés propio, la causa de Cristo a la conveniencia personal. Todos los hombres son egoístas de corazón y tienen su precio. Algunos podrán resistir más que otros, pero al final cada uno preferirá sus propias cosas a las de Dios».

Ese es el credo de Satanás y lo lamentable es que las vidas de demasiados jóvenes validan su afirmación. Satanás ha engañado a estos estudiantes haciéndoles creer que se sirven a sí mismos cuando, en realidad, sirven al mundo, a la carne y al diablo.

La cosmovisión cristiana tiene un centro diferente. Jesús se enfrenta a nuestra autosuficiencia y nos ofrece una perspectiva distinta: una desde la cruz. Solo cuando vives desde la perspectiva de Dios puedes escapar de la esclavitud de aquel cuya intención es «robar, matar y destruir» (Juan 10:10, NVI®).

## LA VISIÓN DESDE LA CRUZ

Junto con su esposa, Eva, Adán fue el primer ser humano que abrigó la idea de que podía llegar a ser «como Dios» (Génesis 3:5), que es el núcleo de la cosmovisión egocéntrica que promueve Satanás. Desde Adán, Satanás ha tentado a innumerables personas haciéndoles creer que son sus propios dioses. Hoy en día muchos movimientos no bíblicos promueven esta mentira a lo grande.

Sin embargo, el relato bíblico de la creación nos muestra con claridad que solo Dios el Creador es de verdad Dios. Adán y sus descendientes no son dioses; somos seres creados que no podemos vivir separados de Dios. La idea de que las personas son sus propios dioses es el latido del corazón de la cosmovisión inspirada por Satanás y el eslabón principal de la cadena de esclavitud espiritual al reino de las tinieblas.

El problema de nuestro intento de ser nuestros propios dioses es que nunca nos diseñaron para serlo. Carecemos de las cualidades necesarias para cuidar de nuestras propias vidas y de nuestro futuro. Incluso Adán, sin pecado y vivo en lo espiritual en el huerto del Edén, no estaba equipado para ser su propio Dios, y mucho menos los que hemos nacido desde entonces, que venimos al mundo muertos de manera espiritual. Al contrario de lo que nos dicen los partidarios de la Nueva Era, la capacidad de ser un dios nunca estuvo en nosotros, no está en nosotros ahora y nunca estará en nosotros. Ser Dios es algo que solo le pertenece a Dios.

Si deseas vivir en libertad de las ataduras del mundo, la carne y el diablo, debe romperse este importante eslabón de la cadena. La cosmovisión egocéntrica que Satanás y sus demonios promueven a nuestro alrededor debe reemplazarse por las enseñanzas de Jesús. Debemos entender lo que Jesús les enseñó a sus discípulos después de la reprimenda egocéntrica de Pedro:

> Si alguien desea seguirme, niéguese a sí mismo, tome su cruz y sígame. Porque el que trate de vivir para sí, perderá la vida; pero el que pierda la vida por mi causa, la hallará. ¿De qué les sirve ganarse el mundo entero y perder la vida eterna? Yo, el Hijo del Hombre, vendré con los ángeles en la gloria de mi Padre y juzgaré a cada persona según sus obras (Mateo 16:24-27, LBD).

## Niégate a ti mismo

Negarse a uno mismo no es lo mismo que abnegarse. Todos los deportistas practican abnegación, restringiéndose de ciertos alimentos, drogas, alcohol, fiestas nocturnas y cualquier otra cosa que les impida alcanzar sus objetivos. Sin embargo, el fin supremo de la abnegación es la autopromoción: ganar un partido, batir un récord, alcanzar estatus y el reconocimiento deportivos.

Con negarse a uno mismo, Jesús se refería a la lucha sobre quién será Dios en tu vida. Jesús no entra en esa batalla; ya la ganó. Él ocupa el trono y se ofrece con misericordia a compartirlo con nosotros. Sin embargo, nosotros queremos ser reyes en nuestras vidas. Hasta que no nos neguemos a nosotros mismos lo que nunca debió ser nuestro, el papel de ser Dios en nuestras vidas, nunca estaremos en paz con nosotros mismos ni con Dios, y nunca seremos libres.

No te diseñaron para funcionar sin Dios, ni tu alma se diseñó para trabajar como tu propio amo. Servirás a Dios y a su reino o a Satanás y a su reino. Cuando te niegas a ti mismo, invitas a Dios a ocupar el trono de tu vida, a ocupar lo que es suyo por derecho, a fin de que puedas vivir como una persona espiritualmente viva en Cristo. Negarte a ti mismo es esencial para la libertad espiritual.

## Toma tu cruz cada día

La cruz que debemos tomar cada día *no es nuestra propia cruz*, sino *la cruz de Cristo*. Con su cruz es con la que estamos estrechamente identificados. Pablo escribió: «Con Cristo estoy juntamente crucificado, y ya no vivo yo, mas vive Cristo en mí; y lo que ahora vivo en la carne, lo vivo en la fe del Hijo de Dios, el cual me amó y se entregó a sí mismo por mí» (Gálatas 2:20, RVR60). Su cruz nos proporcionó el perdón de lo que hemos hecho y la liberación de lo que éramos. Somos perdonados debido a que Él murió en nuestro lugar; somos liberados porque morimos con Él. Somos justificados (hechos aceptables a Dios) y santificados (apartados para un propósito santo) como resultado de la cruz.

Tomar la cruz diariamente significa darnos cuenta cada día de que pertenecemos a Dios. Nos compraron por la sangre del Señor Jesucristo (1 Pedro 1:18-19). Cuando tomamos la cruz, decimos que nuestra identidad y propósito no se basan en nuestra vida física, sino en nuestra relación con Dios.

## Sigue a Cristo

Seguimos a Cristo al ser guiados por el Espíritu Santo a la muerte del autogobierno. Como escribió Pablo: «Los que vivimos, siempre se nos entrega a la muerte por causa de Jesús, para que también su vida se manifieste en nuestro cuerpo mortal» (2 Corintios 4:11, NVI®).

Tal vez estés pensando: «Morir al autogobierno no me parece divertido. Es más, parece horrible». Bueno, no lo es. Es una tremenda victoria (y un tremendo alivio para nosotros) cuando dejamos de intentar jugar a ser Dios y dejamos que Dios sea el Señor de nuestras vidas, nuestros problemas y nuestro futuro. Ser guiados por el Espíritu de Dios es nuestra seguridad de que somos hijos de Dios (Romanos 8:14). Solo cuando llegamos al final de nuestros recursos descubrimos los recursos de Dios.

No nos diseñaron para funcionar separados de Dios. Solo cuando dependemos de Él y nos proponemos seguir a Cristo, estamos completos y libres para demostrar que la voluntad de Dios es buena, agradable y perfecta (Romanos 12:2). «Niégate a ti mismo, toma tu cruz cada día y sígueme» puede parecer que te estás sacrificando y no ganas nada. En cambio, nada más lejos de la verdad, ¿pues qué sacrificas en realidad?

## Sacrifica la vida inferior para ganar la vida superior

Si quieres salvar tu vida natural (en otras palabras, encontrar tu identidad y tu sentido de autoestima en posiciones, títulos, logros y posesiones, y buscar solo el bienestar mundano), la perderás. En el mejor de los casos, podrás poseer estas cosas de valor terrenal solo durante una vida, pero lo perderás todo durante la eternidad. Además, en todos tus esfuerzos por poseer estos tesoros terrenales, no lograrás ganar todo lo que puede ser tuyo en Cristo.

Recibí (Dave) una carta de un adolescente que hizo este importante descubrimiento:

> Estimado Dave:
>
> En nuestra conversación sobre mis notas en sociología y química, dijiste algo que me hizo pensar en realidad. Dijiste: «No dejes que sea orgullo». Al principio me sentí ofendido. ¿Por qué? Porque creía firmemente que mis calificaciones me darían valor. Lo creía tanto que tomaba las calificaciones y las dejaba que se convirtieran en un dios para mí. Pensaba que

> las buenas calificaciones podían ser mi defensa contra mis inseguridades. Sentía que era lo bastante bueno gracias a mis calificaciones.
>
> Después de hablar contigo me di cuenta de que me engañaba. No caminaba en el Espíritu. Ahora sé que es Dios, no mis calificaciones, quien me hace seguro, aceptado y significativo. Si soy de veras humilde, Él me exaltará y me recompensará.

Apunta a este mundo y eso es todo lo que conseguirás, y con el tiempo perderás incluso eso. En cambio, si apuntas al mundo venidero, Dios te lo dará como premio. Pablo hizo una declaración similar: «El ejercicio físico aprovecha poco, pero la piedad es provechosa para todo, pues tiene promesa para la vida presente y también para la futura» (1 Timoteo 4:8).

## Sacrifica el placer de las cosas para ganar el placer de la vida

¿Qué aceptarías a cambio del fruto del Espíritu en tu vida? ¿Qué posesión material, qué cantidad de dinero, qué cargo o título aceptarías a cambio de amor, gozo, paz y paciencia (Gálatas 5:22) que puedes tener si permaneces en Cristo? Es probable que todos estemos de acuerdo: «Nada». La mentira de este mundo es que la fama y las posesiones nos traerán el fruto del Espíritu. ¿Dónde se gasta la mayor parte de nuestro tiempo y energía: en cosas temporales o en cosas eternas? Parece ser que la gran ambición del hombre es ser feliz como un animal en lugar de ser bendecido como hijo de Dios.

Jesús habló de este mismo conflicto con dos de sus amigas más cercanas, María y Marta (Lucas 10:38-42). Durante la visita de Jesús, Marta estaba atrapada en las cosas materiales, concentrándose en preparar y servir la comida, mientras que María centraba su atención en Jesús y sus palabras. La tendencia de Marta era amar las cosas y utilizar a las personas, pero Jesús indicó que María escogió «la parte buena» (versículo 42) al amar a las personas y utilizar las cosas. La victoria sobre uno mismo llega cuando aprendemos a amar a las personas y a utilizar las cosas, y a no mezclar esas dos actividades.

## Sacrifica lo temporal para ganar lo eterno

Tal vez la mayor señal de madurez espiritual sea la capacidad de posponer las recompensas. La carne quiere gratificación instantánea, pero cuanto más intentas satisfacer sus deseos, menos esperanza tienes para el futuro. Cuanto más alimentas la lujuria, más crece, y terminarás sacrificando lo eterno para ganar lo temporal. Hebreos 11:24-26 dice:

> Por la fe Moisés, cuando era ya grande, rehusó ser llamado hijo de la hija de Faraón, escogiendo antes ser maltratado con el pueblo de Dios, que gozar de los placeres temporales del pecado, considerando como mayores riquezas el oprobio de Cristo que los tesoros de Egipto; porque tenía la mirada puesta en la recompensa.

Incluso si seguir a Cristo resulta en tiempos difíciles en esta vida, Él los arreglará en la eternidad.

La gran mentira de Satanás es que eres capaz de ser el Dios de tu propia vida, y la esclavitud es vivir como si su mentira fuera cierta. Satanás quiere tomar el lugar de Dios en tu vida. Y siempre que vives separado de Dios, centrándote en ti mismo en lugar de hacerlo en Cristo, buscando cosas materiales y mundanas en lugar de las cosas espirituales y eternas, él ha tenido éxito. La respuesta del mundo a este conflicto de identidad es inflar el ego mientras se le niega a Dios el lugar que le corresponde como Señor. Satanás no podría estar más complacido; ese fue su plan desde el principio.

## ENCUENTRO CON LA VERDAD

### LEE

Mateo 16:24-27

### REFLEXIONA

1. ¿Cómo afecta la cosmovisión secular a tu comprensión de la actividad de Satanás en el mundo?
2. ¿Por qué crees que tantas personas luchan con pensamientos egocéntricos?
3. ¿Por qué crees que nos cuesta tanto negarnos a nosotros mismos, tomar nuestra cruz cada día y seguir a Jesús? ¿Cuáles son algunas maneras prácticas en las que puedes tomar tu cruz cada día y seguir a Jesús?
4. ¿Cuáles son algunos de los placeres temporales que usa Satanás para distraernos de seguir a Cristo?

### RESPONDE

Ora y pídele al Señor que te dé una idea de cómo negarte a ti mismo, tomar tu cruz cada día y seguirle. Pídele al Señor que te recuerde formas especiales en las que puedes sacrificar las cosas temporales de la vida para ganar las eternas.

3

# TIENES TODO EL DERECHO DE SER LIBRE

*El Señor vino a las ovejas perdidas. Hizo una recapitulación de una dispensación muy completa, y buscó su propia obra. Por lo tanto, era necesario que Él salvara al mismo hombre que se creó según su imagen y semejanza, es decir, Adán [...] Dios creó al hombre para la vida. Sin embargo, lo hirió la serpiente que lo corrompió. Ahora bien, si el hombre, después de perder la vida, nunca volviera a ella, sino que le abandonaran por completo, el conquistado sería Dios. La maldad de la serpiente habría prevalecido sobre la voluntad de Dios.*

IRENEO (130-202 D. C.)

A Lidia la vida le jugó una mala pasada desde el principio. Los recuerdos de haber sufrido abusos sexuales cuando era niña la habían perseguido sin cesar a lo largo de su vida cristiana. Cuando vino a verme (a Neil), su autoestima dañada parecía irreparable. Mientras me contaba su historia, Lidia mostraba poca emoción, pero sus palabras reflejaban una desesperación total.

—¿Quién eres, Lidia? ¿Cómo te ves a ti misma? —le pregunté.

—Soy mala —respondió—. No soy buena para nadie. La gente me dice que soy malvada y lo único que hago es causar problemas.

—Tú no eres mala —argumenté—. ¿Cómo puede ser mala una hija de Dios? ¿Es así como te ves a ti misma?

Lidia asintió.

Tomé una hoja de papel impresa con una serie de declaraciones que describen quiénes somos en Cristo, basadas en versículos de la Biblia, y se la entregué a Lidia*.

## ¿QUIÉN SOY?

Soy la sal de la tierra (Mateo 5:13).

Soy la luz del mundo (Mateo 5:14).

Soy hijo de Dios (Juan 1:12).

Soy parte de la vid verdadera y la vida de Cristo fluye a través de mí (Juan 15:1, 5).

Soy amigo de Cristo (Juan 15:15).

Soy elegido por Cristo para dar fruto (Juan 15:16).

Soy el testigo personal de Cristo, enviado para hablarles a todos acerca de Él (Hechos 1:8).

Soy siervo de la justicia (Romanos 6:18).

Soy siervo de Dios, santificándome y dándome vida eterna (Romanos 6:22).

Soy hijo de Dios; puedo llamarle Padre (Romanos 8:14-15; Gálatas 3:26; 4:6).

Soy coheredero con Cristo y heredero de su gloria (Romanos 8:17).

---

* Neil Anderson y Dave Park, *Emergiendo de la oscuridad*, Editorial Unilit, Miami, FL, 1995.

Soy un templo, una morada, para Dios; su Espíritu y su vida viven en mí (1 Corintios 3:16; 6:19).

Estoy unido para siempre al Señor y soy un solo espíritu con Él (1 Corintios 6:17).

Soy parte del cuerpo de Cristo (1 Corintios 12:27).

Soy una nueva persona: mi pasado se perdonó y todo es nuevo (2 Corintios 5:17).

Estoy en paz con Dios y Él me ha dado la tarea de ayudar a otros a encontrar la paz con Él (2 Corintios 5:18-19).

Soy hijo de Dios y soy uno con los demás en su familia (Gálatas 3:26, 28).

Soy hijo de Dios y recibiré la herencia que Él prometió (Gálatas 4:6-7).

Soy santo, una persona santa (Efesios 1:1; Filipenses 1:1; Colosenses 1:2).

Soy obra de Dios, creado en Cristo para hacer su obra (Efesios 2:10).

Soy ciudadano del cielo junto con toda la familia de Dios (Efesios 2:19).

Soy prisionero de Cristo para poder ayudar a los demás (Efesios 3:1; 4:1).

Soy justo y santo (Efesios 4:24).

Soy un ciudadano del cielo sentado en el cielo ahora mismo (Filipenses 3:20; Efesios 2:6).

Estoy escondido con Cristo en Dios (Colosenses 3:3).

Soy una expresión de la vida de Cristo, pues Él es mi vida (Colosenses 3:4).

Soy escogido por Dios, santo y muy amado (Colosenses 3:12; 1 Tesalonicenses 1:4).

Soy hijo de la luz y no de las tinieblas (1 Tesalonicenses 5:5).

Soy escogido para participar en el llamado celestial de Dios (Hebreos 3:1).

Soy parte de Cristo; comparto su vida (Hebreos 3:14).

Soy una de las piedras vivas de Dios con las que se edifican en Cristo como casa espiritual (1 Pedro 2:5).

Soy miembro de un linaje escogido, de un real sacerdocio, de una nación santa, de un pueblo que pertenece a Dios (1 Pedro 2:9-10).

Soy solo un visitante de este mundo, en el que vivo de manera temporal (1 Pedro 2:11).

Soy enemigo del diablo (1 Pedro 5:8).

Soy hijo de Dios y seré como Cristo cuando Él regrese (1 Juan 3:1-2).

Soy una nueva criatura en Cristo, y el maligno, el diablo, no puede tocarme (1 Juan 5:18).

Soy lo que soy por la gracia de Dios (1 Corintios 15:10), pero *no* soy el gran «Yo soy» (Éxodo 3:14; Juan 8:24, 28, 58).

—¿Podrías leer estas declaraciones en voz alta ahora mismo? —le pregunté—. Te recordarán lo que la Biblia dice de ti y quién eres en Cristo.

Lidia tomó el papel y comenzó a leer en voz alta la primera declaración con cierta vacilación. De repente, su rostro cambió. Levantó la vista y dijo con desprecio:

—¡De ninguna manera, sucio hijo de...!

Nunca es agradable ver al maligno mostrar su fea personalidad a través de una víctima como Lidia. Aun así, tomé autoridad sobre él mediante la oración en el nombre de Cristo y guie a Lidia por «Los pasos hacia la libertad en Cristo». Pudo obtener una nueva comprensión de quién es de veras en Cristo. Comenzó a verse a sí misma como el resultado de lo que Cristo hizo en la cruz en lugar de ser una víctima de su pasado.

Satanás había engañado a Lidia haciéndole creer que no valía nada y que era malvada, lo cual era mentira. Estaba en contra por completo de que Lidia leyera esas declaraciones de verdad sobre su identidad como hija de Dios. Sabía que la verdad de Dios descubriría su mentira con tanta seguridad como la luz disipa las tinieblas. Y no estaba dispuesto a rendirse sin luchar.

## ERES UN HIJO DE DIOS

Nada es más básico para nuestra libertad de la esclavitud de Satanás que entender lo que Dios ha hecho por nosotros en Cristo y quiénes somos como resultado. Nuestras actitudes, acciones, respuestas y reacciones ante las circunstancias de la vida están determinadas por cómo nos vemos a nosotros mismos. Si te ves como la víctima indefensa de Satanás y sus planes, es probable que vivas como si fueras su víctima y fueras esclavo de sus mentiras. En cambio, si te ves como el hijo de Dios muy amado y aceptado que eres en realidad, vivirás como un hijo de Dios.

En este capítulo queremos resaltar varios aspectos críticos de nuestra identidad y posición en Cristo. Muchos de ustedes ya han interiorizado las verdades bíblicas resumidas aquí, pero otros pueden encontrar esta sección un poco pesada debido a su contenido doctrinal. Sin embargo, te instamos a que no te saltes esta revisión de camino a los capítulos más prácticos. Estos conceptos son fundamentales para tu libertad del conflicto espiritual como hijo de Dios. La cuestión de la identidad espiritual y la madurez en Cristo es tan vital que te sugerimos de nuevo que leas *Emergiendo de la oscuridad* (publicado por Editorial Unilit) junto con la lectura de este libro. Además, consulta los vídeos de EPIC Latino en Infusionnow.org.

## TÚ TIENES VIDA ESPIRITUAL Y, POR LO TANTO, LA TIENES POR LA ETERNIDAD

Cada uno de nosotros está formado por dos partes principales: nuestro yo exterior y nuestro yo interior. Por fuera tenemos un cuerpo físico y por dentro tenemos un alma/espíritu. La palabra «alma» describe nuestra capacidad de pensar (nuestra mente), sentir (nuestras emociones) y de elegir (nuestra voluntad). La palabra «espíritu» describe nuestra capacidad de relacionarnos con Dios. Nuestro cuerpo está unido con nuestra alma/espíritu, y eso nos hace físicamente vivos. Como cristianos, nuestra alma/espíritu está unido a Dios, y eso nos hace vivos en lo espiritual.

Cuando Dios lo creó, Adán estaba vivo por completo de manera física y espiritual. Sin embargo, debido al pecado de Adán y a su muerte espiritual, toda persona que viene al mundo nace físicamente viva, pero muerta en lo espiritual. Al estar separados de Dios, carecemos de la sabiduría de Dios en nuestras vidas, por eso aprendemos a vivir separados de Dios, centrando nuestros intereses en nosotros mismos. En la Biblia se hace referencia a nuestra aprendida independencia de Dios como la «carne».

Cuando nacimos de nuevo, nuestra alma/espíritu se unió a Dios y cobramos vida espiritual, tan vivos como lo estaba Adán en el huerto antes de pecar. Ahora estamos en Cristo, y Cristo está en nosotros. Puesto que Cristo, que está en nosotros, es eterno, la vida espiritual que recibimos de Él es eterna. No tenemos que esperar a morir para obtener la vida eterna; ¡la poseemos ahora mismo! Y contrario a lo que Satanás quisiera que creyéramos, él nunca podrá quitarnos la vida eterna, pues no puede quitarnos a Jesús, quien prometió que nunca nos dejará ni nos desamparará (Hebreos 13:5).

## TRANSFORMADO DE PECADOR A SANTO

¿Alguna vez has escuchado a un cristiano decir: «Solo soy un pecador salvo por gracia»? ¿Te has referido a ti mismo de esa manera?

Si te ves como un pecador, es probable que peques. ¿Qué esperarías que hiciera un pecador? Habrá poco en tu vida que te distinga de un no cristiano, y te llenarás de sentimientos de derrota.

Satanás aprovechará esa oportunidad, verterá la culpa sobre ti y te convencerá de que estás condenado a una vida espiritual de montaña rusa. Como cristiano derrotado, confesarás tu pecado y tratarás de ser mejor, pero por dentro admitirás que solo eres un pecador salvo por gracia, resistiendo hasta que Cristo regrese por ti.

¿Eso es lo que eres en realidad? ¡De ninguna manera! La Biblia no se refiere a los creyentes como pecadores, ni siquiera a los pecadores salvos por gracia. A los creyentes se les llama santos, los santos, que a veces pecan. Nos convertimos en santos en el momento de la salvación, eso se llama justificación. Vivimos y crecemos como santos en nuestra experiencia diaria, eso se llama santificación, a medida que continuamos afirmando quiénes somos de veras en Cristo. Verte a ti mismo como un santo en lugar de un pecador tendrá un efecto poderoso y positivo en tu capacidad diaria de tener victoria sobre el pecado y Satanás.

## Se te ha dado la naturaleza divina de Dios

Efesios 2:1-3 describe nuestra naturaleza *antes* de venir a Cristo: «Él os dio vida a vosotros, que estabais muertos en vuestros delitos y pecados, en los cuales anduvisteis en otro tiempo según la corriente de este mundo, conforme al príncipe de la potestad del aire [...], y éramos por naturaleza hijos de ira». Antes de convertirnos en cristianos, nuestra propia naturaleza era el pecado, y el resultado de nuestro pecado era la muerte (separación de Dios).

Sin embargo, en la salvación Dios nos cambió. Recibimos «la naturaleza divina, habiendo escapado de la corrupción que hay en el mundo por causa de la concupiscencia» (2 Pedro 1:4). Ya no estás en la carne; estás en Cristo. Tenías una naturaleza pecaminosa porque estabas separado de Dios, pero ahora eres partícipe de la naturaleza divina de Cristo. No te convertiste en Dios, pero recibiste la naturaleza divina de Dios.

Pablo lo dijo de esta manera: «En otro tiempo erais tinieblas, mas ahora sois luz en el Señor; andad como hijos de luz» (Efesios 5:8, RVR60); «De modo que si alguno está en Cristo, nueva criatura es» (2 Corintios 5:17). Frente a las acusaciones de Satanás de que no somos diferentes de lo que éramos antes de Cristo, debemos creer y vivir en armonía con el hecho de que somos eternamente diferentes en Cristo.

El Nuevo Testamento se refiere a la persona que éramos antes de recibir a Cristo como nuestro «viejo hombre». Cuando recibimos a Cristo como Salvador, nuestro viejo hombre, que vivía separado de Dios, murió (Romanos 6:6). Nuestro nuevo hombre, inspirado por nuestra nueva identidad en Cristo y comprometido a vivir en dependencia de Dios, cobró vida (Gálatas 2:20). Estar vivo de manera espiritual significa que tu alma está en unión con Dios y estás identificado con Él:

En su muerte (Romanos 6:3; Gálatas 2:20; Colosenses 3:1-3)

En su sepultura (Romanos 6:4)

En su resurrección (Romanos 6:5, 8, 11)

En su ascensión (Efesios 2:6)

En su vida (Romanos 5:10-11)

En su poder (Efesios 1:19-20)

En su herencia (Romanos 8:16-17; Efesios 1:11-12)

Nuestro viejo hombre tuvo que morir para ponerle fin a nuestra relación con el pecado, que lo controlaba. Ser una persona nueva no significa que no tengamos pecado (1 Juan 1:8). Aun así, como nuestro viejo hombre se crucificó y sepultó con Cristo, ya no necesitamos pecar (1 Juan 2:1). Pecamos cuando elegimos actuar separados de Dios.

## Puedes ser victorioso sobre la carne y el pecado

Cuando nuestro viejo hombre pecaminoso murió, el dominio del pecado como nuestro amo terminó. No obstante, el pecado todavía existe. Es fuerte y atractivo, pero se quebrantaron su poder y autoridad (Romanos 8:2).

Además, nuestra carne, esa parte de nosotros que se preparó para vivir separada de Dios antes de conocer a Cristo, tampoco murió. Todavía tenemos recuerdos, hábitos y patrones de pensamiento en nuestro cerebro que nos tientan a centrarnos en nuestros propios intereses. Ya no estamos *en la carne* como lo era nuestro antiguo hombre; ahora estamos *en Cristo*. Sin embargo, todavía podemos elegir *andar según la carne* (Romanos 8:12-13), obedeciendo esos viejos impulsos de servirnos a nosotros mismos en lugar de servir a Dios.

Nuestra tarea es crucificar la carne (Romanos 8:13) cada día, aprendiendo a andar según el Espíritu (Gálatas 5:16) y reemplazando nuestros viejos patrones de pensamiento con nuevos patrones basados en la Palabra de Dios. Ese proceso se llama «renovación de vuestra mente» (Romanos 12:2).

Romanos 6:11 resume lo que debemos creer acerca de nuestra relación con el pecado debido a nuestra posición en Cristo: «Así también vosotros, consideraos muertos para el pecado, pero vivos para Dios en Cristo Jesús». No importa si nos sentimos muertos al pecado o no; debemos considerarlo así porque es así. Cuando elegimos creer lo que es verdad acerca de nosotros mismos y del pecado, y caminamos sobre la base de lo que creemos, nuestra relación adecuada con Dios dará resultado en nuestra experiencia.

Después de enseñarnos lo que debemos creer acerca del pecado, Pablo nos enseña cómo relacionarnos con el pecado:

> Por tanto, no reine el pecado en vuestro cuerpo mortal para que no obedezcáis sus lujurias; ni presentéis los miembros de vuestro cuerpo al pecado como instrumentos de iniquidad, sino presentaos vosotros

> mismos a Dios como vivos de entre los muertos, y vuestros miembros a Dios como instrumentos de justicia (Romanos 6:12-13).

Por ejemplo, no puedes cometer un pecado sexual y no usar tu cuerpo como instrumento de injusticia. Si cometes un pecado sexual, permitirás que el pecado reine (gobierne) *en* tu cuerpo mortal. La única manera que conocemos para ayudar a las personas a salir de la esclavitud sexual es hacer que renuncien (le den la espalda) a todo uso sexual pecaminoso de su cuerpo y, luego, se lo entreguen al Señor.

Estamos muertos al pecado, pero aún tenemos la capacidad de servirle poniendo nuestros cuerpos a disposición del pecado. Depende de nosotros elegir si vamos a permitir que nuestros cuerpos se usen para el pecado o para la justicia. Para ilustrarlo, supongamos que tu pastor de jóvenes te pide que uses tu automóvil para entregar cestas de comida a los necesitados. Momentos después, un narcotraficante te pide que uses tu auto para recoger uno de sus cargamentos de droga. Es tu auto y puedes optar por prestarlo como quieras, para bien o para mal. ¿Qué elegirías? ¡No debería haber dudas!

Tu cuerpo es tuyo para servir a Dios o al pecado y a Satanás, pero la elección depende de ti. Debido a la victoria de Cristo sobre el pecado, puedes elegir no obedecer al pecado como tu amo. Tu responsabilidad es la de no dejar que el pecado gobierne tu cuerpo. En el centro de la disforia de género está la influencia de Satanás para engañar a las personas, a fin de que rechacen el diseño que su amoroso Creador tiene para ellas y para que actúen separadas de Dios pretendiendo que toman el control de su propia identidad sexual. Dejar que Dios tenga control sobre nuestros cuerpos y nuestras vidas es algo muy importante. Por eso Pablo escribió con tanta insistencia: «Les ruego que se entreguen de cuerpo entero a Dios, como sacrificio vivo y santo; este es el único sacrificio que Él puede aceptar. Teniendo en cuenta lo que Él ha hecho por nosotros, ¿será demasiado pedir?» (Romanos 12:1, LBD).

## Puedes ser libre del poder del pecado

Tal vez estés pensando: *No permitir que el pecado gobierne mi cuerpo parece maravilloso, Neil y Dave. Sin embargo, ustedes no saben lo dura que es mi batalla con el pecado. Me encuentro haciendo lo que no debo hacer y no haciendo lo que debo hacer. Es una lucha constante.*

Sí, sabemos lo dura que es la batalla contra el pecado. También lo sabía el apóstol Pablo. Escribió Romanos 7:15-25 por los mismos sentimientos de frustración que quizá puedes estar experimentando. En este pasaje, descubrimos el camino de Dios hacia la libertad del poder del pecado.

Te invito (a Neil) a escuchar mientras recorro estos versículos con Dan, quien está luchando por vencer el poder del pecado en su vida:

*Neil*: Dan, veamos este versículo que parece describir lo que experimentas ahora. Romanos 7:15 dice: «Yo no me entiendo a mí mismo, porque quiero sinceramente hacer lo bueno, pero no puedo. Hago lo que no quiero hacer, lo que aborrezco» (LBD). ¿Dirías que este versículo te describe?

*Dan*: ¡Exactamente! Deseo hacer lo que Dios dice que es bueno, pero a veces me encuentro haciendo lo contrario.

*Neil*: Es probable que te identifiques con el versículo 16 también: «Si lo que no quiero hacer, eso hago, estoy de acuerdo con la ley, reconociendo que es buena». Dan, ¿cuántas personalidades o actores se mencionan en este versículo?

*Dan*: Solo hay una persona, y de seguro que soy «yo».

*Neil*: Es muy frustrante cuando sabemos lo que queremos hacer, pero por alguna razón no podemos hacerlo. ¿Cómo has tratado de resolver esto en tu propia mente?

*Dan*: A veces, hasta me pregunto si soy cristiano. Parece darles resultado a otros, pero no a mí. A menudo me pregunto si la vida cristiana es posible o si Dios está de veras aquí.

*Neil*: Si tú y Dios fueran los únicos actores en este escenario, sería lógico pensar que culparías a Dios o a ti mismo por tu dilema. Sin embargo, ahora mira el versículo 17: «Así que ya no soy yo el que lo hace, sino el pecado que habita en mí». ¿Cuántos actores hay ahora, Dan?

*Dan*: Tal parece que dos, pero no entiendo.

*Neil*: Leamos el versículo 18 y veamos si podemos darle algún sentido: «Sé que en mí, es decir, en mi carne, no habita nada bueno; porque el querer está presente en mí, pero el hacer el bien, no».

*Dan*: Aprendí ese versículo hace mucho tiempo. Ha sido fácil aceptar el hecho de que no soy bueno.

*Neil*: Eso no es lo que dice, Dan. Es más, dice lo contrario. *Lo que sea que more en ti, no eres tú*. Si tuviera una astilla en mi dedo, no sería «nada bueno» habitando en mí. En cambio, el «nada bueno» no soy yo; es la astilla. También es importante tener en cuenta que este «nada bueno» no es siquiera mi carne, sino lo que mora en mi carne. Si nos viéramos a nosotros mismos solos en esta lucha, sería improbable vivir con rectitud. Estos pasajes hacen todo lo posible para decirnos que hay una segunda parte involucrada en nuestras luchas por el pecado cuya naturaleza es diferente a la nuestra.

Verás, Dan, cuando nacimos tú y yo, fue bajo el *castigo* del pecado. Y sabemos que Satanás y sus emisarios siempre están trabajando para mantenernos bajo ese castigo. Cuando Dios nos salvó, Satanás perdió esa batalla, pero no enroscó su cola ni escondió sus colmillos. Ahora está comprometido a mantenernos bajo el *poder* del pecado. También sabemos que va a obrar a través de la carne, que permanece con nosotros después de la salvación.

Sigamos leyendo para ver si podemos aprender más sobre cómo se libra esta batalla: «No hago el bien que deseo, sino que el mal que no quiero, eso practico. Y si lo que no quiero hacer, eso hago, ya no soy yo el que lo hace, sino el pecado que habita en mí. Así que, queriendo yo hacer el bien, hallo la ley de que el mal está presente en mí» (versículos 19-21).

Dan, ¿puedes identificar en estos pasajes la naturaleza de ese «nada bueno» que habita en ti?

*Dan*: Claro, de seguro que son el mal y el pecado. Entonces, ¿no solo es mi propio pecado? Cuando peco, me siento muy culpable.

*Neil*: No hay duda de que tú y yo pecamos, pero no somos el «pecado». El mal está presente en nosotros, pero nosotros no somos el mal en realidad. Sin embargo, esto no nos excusa por pecar, porque Pablo escribió antes que nuestra responsabilidad es no dejar que el pecado reine en nuestros cuerpos (Romanos 6:12). ¿Alguna vez te has sentido tan derrotado que quieres atacar a alguien o a ti mismo?

*Dan*: ¡Casi todos los días!

*Neil*: En cambio, cuando te calmas, ¿tienes de nuevo pensamientos acordes con quién eres en Cristo?

*Dan*: Siempre, y luego me siento fatal por atacar con palabras.

*Neil*: El versículo 22 explica este ciclo: «En lo íntimo de mi ser me deleito en la Ley de Dios» (NVI®). Cuando actuamos de manera diferente a quienes somos en realidad, el Espíritu Santo nos convence de inmediato debido a nuestra unión con Dios, y a menudo nos desquitamos con nosotros mismos. Sin embargo, pronto nuestra verdadera naturaleza se expresa de nuevo y volvemos a Dios.

Es como el adolescente frustrado que anuncia que se va de casa. Quiere irse y no le importa lo que sientan papá y mamá. Entonces, después que reconoce su dolor y expresa sus emociones, se ablanda y dice: «En realidad, quiero a mis padres y no quiero huir. Solo es que no veo otra salida». Esa es tu persona interior, tu verdadero ser, el que habla.

El versículo 23 describe la naturaleza de esta batalla contra el pecado: «Veo otra ley en los miembros de mi cuerpo que hace guerra contra la ley de mi mente, y me hace prisionero de la ley del pecado que está en mis miembros». Según este pasaje, Dan, ¿dónde se libra la batalla?

*Dan*: Parece que la batalla está en la mente.

*Neil*: Justo ahí es donde se libra la batalla. Ahora bien, si Satanás puede hacerte pensar que eres el único en la batalla, te desanimarás a ti mismo o a Dios cuando peques. Déjame ponerlo de esta manera: Supongamos que hay un perro que habla al otro lado de una puerta cerrada y el perro te dice: «Vamos, déjame entrar. Sabes que quieres hacerlo. Todo el mundo lo hace. Te saldrás con la tuya. Después de todo, ¿quién lo sabría?». Así que abres la puerta, y el perro entra y te clava los dientes en la pierna. En el otro lado de la puerta, el perro desempeña el papel del tentador, pero una vez que dejas entrar al perro, desempeña el papel del acusador. «¡Abriste la puerta! ¡Abriste la puerta!». ¿Y qué haces tú?

*Dan*: Por lo general, termino confesándolo, porque me siento muy culpable. Sin embargo, en mi lucha contra el pecado, ¡nadie me ha hablado jamás de ese perro tentador y acusador! Casi siempre termino culpándome, pero ahora creo que debería culpar al perro.

*Neil*: A la larga, las personas se cansan de culparse a sí mismas, por lo que se alejan de Dios bajo una nube de derrota y condenación. Por otro lado, el simple hecho de culpar al perro tampoco es suficiente. Tenías razón al confesarte con Dios, lo que significa que estabas de acuerdo con Él en que abriste la puerta, pero eso no es suficiente. La confesión es solo el primer paso en el arrepentimiento. Los cristianos que solo hacen eso quedan atrapados en el ciclo de pecado-confesión, pecado-confesión, pecado-confesión, y se rinden al final. Te sometiste a Dios cuando estuviste de acuerdo con Él en que abriste la puerta; ahora, debes resistir al diablo, y él huirá de ti (Santiago 4:7). Por último, regresa y cierra la puerta, y no te dejes embaucar para abrirla de nuevo. El arrepentimiento no se completa hasta que cambias de veras.

Pablo expresó este sentimiento de conflicto no resuelto en el versículo 24: «¡Miserable de mí! ¿Quién me libertará de este cuerpo de muerte?». Nota que no dijo: «Soy un hombre *malo* o *pecador*»; dijo: «¡*Miserable* de mí!». No hay nadie más miserable que la persona que sabe lo que es bueno y quiere hacer lo que es bueno, pero por alguna razón no puede lograrlo. Está derrotada, pues está en esclavitud. Sus intentos de hacer lo bueno se encuentran con la derrota. Se pregunta: *¿Hay alguna victoria?*

La respuesta está en el versículo 25: «Gracias a Dios, por Jesucristo Señor nuestro. Así que yo mismo, por un lado, con la mente sirvo a la ley de Dios, pero por el otro, con la carne, a la ley del pecado». Ahora, leamos el capítulo 8 de Romanos y veamos cómo Pablo vence la ley del pecado por la ley de la vida en Cristo Jesús.

*Dan*: Creo que lo estoy entendiendo. Me he sentido culpable porque no puedo vivir la vida cristiana, pero no he entendido cómo vivirla en realidad. He tratado de superar este pecado por mi cuenta, y nunca he entendido de veras la batalla por mi mente.

*Neil*: Vas por buen camino. Condenarte a ti mismo no ayudará, porque no hay condenación para los que están en Cristo Jesús (Romanos 8:1-2). Veamos si podemos resolver tu conflicto con el arrepentimiento genuino y la fe en Dios. Me gustaría guiarte a través de estos Pasos hacia la libertad. Luego, podemos hablar sobre cómo ganar esa batalla por tu mente y aprender cómo caminar por fe en el poder del Espíritu Santo. Entonces, no cumplirás los deseos de tu carne (Gálatas 5:16).

## ENCUENTRO CON LA VERDAD

### LEE

Romanos 7:15-25

### REFLEXIONA

1. ¿Cómo el verte a ti mismo como un santo en lugar de un pecador tendrá un efecto poderoso y positivo en tu victoria diaria sobre el pecado y Satanás?
2. ¿De qué manera nos prepararon para vivir separados de Dios antes de conocer a Cristo? ¿Cómo podemos vencer esos viejos impulsos de servirnos a nosotros mismos y aprender a servir a Dios?
3. ¿Qué aprendiste más de la conversación entre Neil y Dan?
4. Los actos repetidos forman hábitos. ¿Cómo se destruyen los malos hábitos o las fortalezas?

### RESPONDE

Ora y pídele al Señor que le revele a tu mente cualquier fortaleza o mal hábito que puedas tener. Ve a la lista «¿Quién soy?» que comienza en la página 50 y léela en voz alta y con atención.

4

# PUEDES GANAR LA BATALLA POR TU MENTE

*El diablo, sin embargo, como es el ángel apóstata, solo puede hacer todo lo posible, como lo hizo al principio, por engañar y desviar la mente del hombre hacia la desobediencia de los mandamientos de Dios, y ensombrecer poco a poco los corazones.*

IRENEO (130-202 D. C.)

«Él nos libró del dominio de las tinieblas y nos trasladó al reino de su Hijo amado, en quien tenemos redención: el perdón de los pecados» (Colosenses 1:13-14). «Si alguno está en Cristo, nueva criatura es; las cosas viejas pasaron; he aquí, son hechas nuevas» (2 Corintios 5:17). «Habéis muerto, y vuestra vida está escondida con Cristo en Dios» (Colosenses 3:3).

Sospechamos que cada cristiano sincero se ha hecho esta pregunta o al menos lo ha pensado: «Si esos versículos son verdad, ¿por qué sigo luchando con los mismos pensamientos y sentimientos que tuve antes de convertirme en cristiano?». Hay una razón muy lógica por la que aún piensas, sientes y con demasiada frecuencia actúas como lo hiciste antes de nacer de nuevo.

Cuando eras pequeño, durante los años de formación de tu vida, no tenías ni la presencia de Dios en tu vida ni el conocimiento de sus caminos. Como resultado, aprendiste a vivir tu vida sin depender de Dios. Esta independencia aprendida de Dios es la característica principal de lo que la Biblia llama la «carne».

Cuando te convertiste en una nueva criatura en Cristo, nadie presionó el botón de borrar en tu banco de memoria. Todo lo que aprendiste antes de Cristo (incluyendo todos los sentimientos que lo acompañan) sigue grabado en tu memoria. Por eso Pablo dijo: «No se amolden al mundo actual, sino sean transformados mediante la renovación de su mente» (Romanos 12:2, NVI®). Incluso como creyentes, podemos seguir amoldándonos a este mundo al escuchar los programas indebidos o leyendo el material inapropiado.

## FORTALEZAS DE AUTODEFENSA

En nuestro estado natural antes de Cristo, aprendimos muchas formas malsanas de afrontar la vida o defendernos. Los psicólogos llaman a estos patrones malsanos de vida «mecanismos de defensa», y de seguro que no se mezclan con el cristianismo. Por ejemplo, muchas personas han aprendido a mentir para protegerse. Otros mecanismos de defensa comunes incluyen:

- negación (negativa consciente o subconsciente para afrontar la verdad)
- fantasía (escaparse del mundo real)
- aislamiento emocional (apartarse para evitar el rechazo)
- regresión (volviendo a tiempos menos amenazadores)
- desplazamiento (descargar las frustraciones en otros)
- proyección (culpar a otros)
- racionalización (dar excusas por mal comportamiento)

Los mecanismos de defensa son similares a lo que Pablo llamó «fortalezas». Escribió: «Aunque andamos en la carne, no luchamos según la carne; porque las armas de nuestra contienda no son carnales, sino poderosas en Dios para la destrucción de fortalezas; destruyendo especulaciones y todo razonamiento altivo que se levanta contra el conocimiento de Dios, y poniendo todo pensamiento en cautiverio a la obediencia de Cristo» (2 Corintios 10:3-5).

Las «fortalezas» son patrones de pensamiento carnales que se programaron en tu mente cuando aprendiste a vivir de manera independiente de Dios. Tu cosmovisión la determinó el entorno en el que te criaste. Sin embargo, cuando te hiciste cristiano, nadie presionó el botón «BORRAR». Tus viejos hábitos de pensamiento carnal no se borraron.

Lo que se aprendió tiene que desaprenderse. Si te instruyeron mal, ¿puedes instruirte de nuevo? Si creíste una mentira, ¿puedes renunciar a esa mentira y elegir creer la verdad? ¿Se puede reprogramar tu mente? De eso se trata el arrepentimiento: un cambio de mentalidad.

Nos transformamos por la renovación de nuestra mente. Podemos ser transformados porque tenemos la mente de Cristo dentro de nosotros y porque el Espíritu Santo nos guiará a toda verdad. Sin embargo, el sistema mundial en el que crecimos y nuestros propios patrones de pensamiento carnales no son los únicos enemigos de que lleguemos a ser como Cristo. Aunque somos nuevas criaturas en Él, todavía luchamos contra el mundo, la carne y el diablo.

Cuando Morgan, una joven cristiana, vino a verme (a Dave), estaba esclavizada por un trastorno alimenticio autodestructivo. Morgan era la única cristiana en su familia y luchaba contra la inseguridad y la sensación de no ser amada. Estaba atrapada en un círculo vicioso de comer en exceso, vomitar, confesar; comer en exceso, vomitar y confesar. Día tras día vivía esta pesadilla.

Un día, mi esposa, Grace, y yo nos reunimos con ella durante seis horas, guiándola por los Pasos hacia la libertad en Cristo.

Cuando se fue, era una chica diferente. Ya no necesitaba castigarse a sí misma por el pecado y el mal que provocaban su comportamiento destructivo.

Poco después de nuestra reunión con Morgan recibimos la siguiente carta:

> Queridos Dave y Grace:
>
> Esta tarde me di cuenta de que estaba comiendo en exceso. ¿Por qué? Porque estaba cansada. Cuando estoy cansada, me presiono hasta el límite para trabajar más, así que como en exceso. Oré pidiéndole perdón a Dios. Los pensamientos de que debía vomitar se agolparon en mi mente. Estaba sola. Podría haberlo hecho. Sin embargo, Dios no se glorificaría si hacía eso.
>
> Estos son los pensamientos que dejé entrar en mi mente: 1) Estoy cansada. 2) Satanás, eres un gran mentiroso. 3) Dios, mi cuerpo es tu templo. 4) Me compraron por un precio; no soy mía. 5) Podría estar glorificando a Dios de otra manera, no vomitando para sentirme mejor. 6) Tengo personas en mi vida que me aman. 7) Ya no tengo que castigarme más. 8) No soy mala; en realidad, soy justa. 9) Como hija preciosa de Dios no dañaré mi cuerpo, mi espíritu ni mi mente con la destrucción que causo en mi cuerpo cuando vomito.
>
> Ahora me estoy riendo. Se siente muy bien tener el control de mí misma. Esta es la libertad en Cristo.
>
> Con amor en Cristo,
> Morgan

Esperamos que estés percibiendo que la victoria está de veras al alcance de los que están en Cristo. Hay una guerra, pero estamos en el lado ganador, ¡pues somos más que vencedores en Cristo!

## LAS MAQUINACIONES DE SATANÁS

Aunque estés en el lado ganador, no creas que Satanás ya no está interesado en manipular tu mente para conseguir sus propósitos. El objetivo constante de Satanás es meter sus pensamientos en tu cabeza y promover su mentira frente a la verdad de Dios. Sabe que si puede controlar tus pensamientos, puede controlar tu vida. Y si puede controlar tu vida, no experimentarás la victoria que Cristo ganó para ti. Por eso Pablo dijo: «Llevamos cautivo todo pensamiento para que obedezca a Cristo» (2 Corintios 10:5, NVI®). En este versículo la palabra «pensamiento» es la palabra griega *noema*. A fin de entender este pasaje, nos resulta útil ver cómo Pablo utiliza esta palabra en otra parte de esta segunda carta a la iglesia de Corinto.

Pablo le dice a la iglesia que perdone después que los creyentes lleven a cabo la disciplina de la iglesia. «Al que vosotros perdonáis, yo también; porque también yo lo que he perdonado, si algo he perdonado, por vosotros lo he hecho en presencia de Cristo, para que Satanás no gane ventaja alguna sobre nosotros; pues no ignoramos sus maquinaciones [*noema*]» (2 Corintios 2:10-11, RVR60). La palabra «maquinaciones» proviene de la misma raíz, *noema*. En realidad, Satanás se aprovecha de los que no perdonan. Después de ayudar a miles de estudiantes a encontrar su libertad en Cristo, podemos testificar que la falta de perdón es la razón principal por la que los jóvenes permanecen atados al pasado.

Con respecto a la evangelización, Pablo escribió: «Si nuestro evangelio está encubierto, lo está para los que se pierden. El dios de este mundo ha cegado la mente [*noema*] de estos incrédulos, para que no vean la luz del glorioso evangelio de Cristo, el cual es la imagen de Dios» (2 Corintios 4:3-4, NVI®). ¿Cómo vamos a alcanzar este mundo para Cristo si Satanás ha cegado la mente de los incrédulos? La respuesta es la oración.

Pablo también escribió: «Temo que, así como la serpiente con su astucia engañó a Eva, vuestras mentes [*noema*] sean desviadas de la sencillez y pureza de la devoción a Cristo» (2 Corintios 11:3).

Un estudiante llamado Jay tuvo una experiencia que muestra muy bien lo engañosos que pueden ser los pensamientos de Satanás. Jay vino a mi oficina (de Neil) un día y dijo:

—Dr. Anderson, estoy en problemas.

—¿Cuál es el problema, Jay?

—Cuando me siento a estudiar, tengo sensaciones de comezón en todo el cuerpo, mi visión se vuelve borrosa y no puedo concentrarme.

—Háblame de tu caminar con Dios —le pedí.

—Tengo un caminar muy cercano con Dios —se jactó Jay.

—¿Qué quieres decir con eso?

—Bueno, cuando salgo de la escuela todos los días al mediodía, le pregunto a Dios dónde quiere que vaya a almorzar. Si el restaurante Burger King me viene a la mente, voy a Burger King. Entonces, le pregunto a Dios qué quiere que coma. Si el pensamiento viene a pedir un sándwich, ordeno un sándwich.

—¿Qué me dices de tu asistencia a la iglesia? —continué.

—Voy todos los domingos a donde Dios me dice que vaya. Y desde hace tres domingos Dios me dijo que fuera a una iglesia mormona.

De inmediato supe que Satanás estaba invadiendo los pensamientos de Jay, pues Dios nunca enviaría a un cristiano a una iglesia con una doctrina torcida de Cristo y la Palabra de Dios.

A decir verdad, Jay quería hacer lo que Dios quería que hiciera. Sin embargo, escuchaba sus pensamientos como si fueran la voz de Dios en lugar de llevar «cautivo todo pensamiento para que obedezca a Cristo» (2 Corintios 10:5, NVI®). Se había abierto a las maquinaciones de Satanás en su vida. Satanás es astuto. No entra rugiendo como un elefante en una cacharrería; se desliza como serpiente entre la hierba (2 Corintios 11:3).

## SATANÁS Y NUESTRAS MENTES

Las Escrituras enseñan con claridad que Satanás puede poner pensamientos en nuestra mente. En el Antiguo Testamento, «Satanás se levantó contra Israel, e incitó a David a que hiciese censo de Israel» (1 Crónicas 21:1, RVR60). ¿Qué hay de malo en hacer un censo? ¿No debería saber David cuántas tropas tenía disponibles para llevar al combate?

Sin embargo, esto muestra de veras la naturaleza astuta de Satanás. Sabía que David tenía todo el corazón para Dios y no desafiaría a sabiendas al Señor. La estrategia que eligió Satanás fue lograr que David pusiera su confianza en sus propios recursos en lugar de hacerlo en los recursos de Dios. Este fue el mismo David que escribió: «Falsa esperanza de victoria es el caballo» (Salmo 33:17). David sabía que la batalla le pertenecía al Señor, pero de repente tuvo ese «pensamiento» de hacer un censo (contra las protestas de su general Joab, quien sabía que era pecado). Lo trágico es que cayeron setenta mil hombres de Israel como resultado del pecado de David.

¿Cómo Satanás incitó a David? ¿Habló en voz alta con David? No, esos eran los pensamientos de David. Al menos, creía que lo eran. Ahí es donde está el truco de Satanás. Estos pensamientos mentirosos vienen en «primera persona del singular» («Quiero...»; «Haré eso») de modo que pensamos que son nuestros propios pensamientos. La batalla por tu mente implica algo más que un simple «diálogo interno».

Judas también escuchó al diablo. «Durante la cena, como ya el diablo había puesto en el corazón de Judas Iscariote, hijo de Simón, el que lo entregara» (Juan 13:2). Quizás queramos pensar que el acto de Judas solo fue una mala decisión impulsada por la carne, pero la Escritura es clara al decir que los pensamientos de Judas provenían de Satanás. Y cuando Judas se dio cuenta de lo que había hecho, se quitó la vida. «El ladrón solo viene para robar y matar y destruir» (Juan 10:10). La muerte también ocurrió en la iglesia primitiva cuando Satanás llenó el corazón de Ananías para que le mintiera al Espíritu Santo (Hechos 5:3).

## «NO ES CONTRA CARNE Y SANGRE»

Hemos aconsejado a cientos de jóvenes creyentes agobiados por su vida mental. Algunos tienen dificultad para concentrarse y leer su Biblia, mientras que otros escuchan «voces» o luchan con pensamientos acusadores y condenatorios. Es más, las encuestas que el Ministerio Libertad en Cristo ha realizado a lo largo de los años han seguido mostrando que alrededor del setenta por ciento de los estudiantes nacidos de nuevo con los que entramos en contacto afirman escuchar voces o luchan con pensamientos acusadores y condenatorios.

Con pocas excepciones, estas luchas han resultado ser una batalla espiritual por sus mentes. Esto no debería sorprendernos, ya que se nos advirtió en 1 Timoteo 4:1 (NVI®): «El Espíritu dice claramente que, en los últimos tiempos, algunos abandonarán la fe para seguir a inspiraciones engañosas y doctrinas diabólicas».

¿Por qué como creyentes en Cristo no despertamos y le prestamos atención a esto? En primer lugar, no podemos leer tu mente, ni tú puedes leer la nuestra. Así que ninguno de nosotros tiene de veras idea de lo que pasa por la mente de otras personas, a menos que tengan el valor para hablar de eso con nosotros. En muchos casos, no lo harán, pues casi todas las personas en nuestra sociedad darán por sentado que tienen una enfermedad mental.

Entonces, te contarán sus *experiencias* negativas; pero solo con la persona adecuada se atreverán a expresar lo que sucede en su *interior*. ¿Están locos o hay una batalla por su mente? Si «ignoramos las maquinaciones de Satanás», solo podemos llegar a esta conclusión: «Cualquier problema mental debe ser un desequilibrio químico o un patrón de la carne».

Por lo general, los psicólogos y psiquiatras atienden a pacientes que escuchan voces; su diagnóstico convencional es el «desequilibrio químico». Creemos que la química de nuestro cuerpo puede desequilibrarse y causar malestar, y que los problemas hormonales pueden alterar nuestros sistemas. Sin embargo, también creemos que hay que formularse otras preguntas válidas, como por ejemplo: «¿Cómo puede una sustancia química producir un pensamiento personal?» y «¿Cómo pueden nuestros neurotransmisores dispararse de forma involuntaria y aleatoria de tal manera que creen pensamientos a los que nos oponemos?». ¿Existe una explicación natural? Deberíamos permanecer abiertos a cualquier respuesta y explicación legítimas, pero es probable que no tengamos una respuesta completa a menos que también tengamos en cuenta la realidad del mundo espiritual.

Cuando los estudiantes dicen que escuchan voces, ¿qué escuchan en realidad? La única forma en que podemos oír *físicamente* es tener una fuente de sonido. Las ondas sonoras se mueven desde la fuente a través del aire y golpean nuestros tímpanos, enviando una señal a nuestro cerebro. Así es que escuchamos físicamente. Sin embargo, las «voces» que escuchan los jóvenes o los «pensamientos» con los que luchan no provienen de una fuente física si quienes los rodean no escuchan los mismos sonidos.

Del mismo modo, cuando la gente dice que ve cosas (que otros no ven), ¿qué ve en realidad? La única manera en que podemos ver algo de forma natural es teniendo una fuente de luz que se refleje desde un objeto material a nuestros ojos, que luego envía una señal a nuestro cerebro. Satanás y sus demonios son seres espirituales. No tienen sustancia material, así que no podemos verlos, ni a ningún ser espiritual, con nuestros ojos físicos, ni escucharlos tampoco con nuestros oídos. «Nuestra lucha no es contra *sangre y carne*, sino contra principados, contra potestades, contra los poderes de este mundo de tinieblas, contra las huestes espirituales de maldad en las regiones celestiales» (Efesios 6:12, énfasis añadido).

## CEREBRO VERSUS MENTE

Hay muchas cosas que no sabemos sobre cómo funcionamos de forma mental, pero sí sabemos que existe una gran diferencia entre nuestro cerebro y nuestra mente. Nuestros cerebros son materia orgánica. Cuando morimos físicamente, nos separamos del cuerpo y nuestro cerebro se convierte de nuevo en polvo. En ese momento, estaremos ausentes del cuerpo y presentes con el Señor. Así que no estaremos sin mente, porque la mente es una parte del alma.

He aquí una analogía. Nuestra capacidad de pensar es como el funcionamiento de una computadora. Ambos involucran dos componentes distintos: uno es el *hardware*, que es la computadora física real (el cerebro); el otro es el *software*, que programa el *hardware* (la mente). Dado que el *software* no es físico, si se separa del *hardware*, este seguirá pesando lo mismo. Asimismo, si el espíritu se elimina del cuerpo, este también mantiene el mismo peso. Una computadora carece por completo de valor sin el *software*, pero el *software* tampoco funcionará si se apaga el *hardware*.

Nuestra sociedad da por sentado que si algo no funciona entre tus orejas, debe ser un problema de *hardware*. Por el contrario, no creemos que el principal problema esté en el *hardware*; creemos que el principal problema está en el *software*. Romanos 12:1-2 dice que debemos someter nuestro cuerpo a Dios (lo que incluye nuestro cerebro) y ser transformados por la renovación de nuestra mente.

Después de escuchar una charla que di (Neil) sobre esto, una mujer quiso una aclaración.

—Hace poco visité a mi hija en el campo misionero y contraje malaria. Me enfermé tanto que casi me muero —me dijo—. Cuando me subió mucho la fiebre, empecé a tener alucinaciones. ¿Me estás diciendo que esas alucinaciones eran demoníacas?

—¿Sobre qué alucinaba? —le pregunté.

—Sobre todo acerca de Pluto, Mickey Mouse, el pato Donald y Daisy —respondió.

—¿Se detuvo en Disneylandia en su camino hacia el campo misionero? —le pregunté.

—Bueno, sí, lo hice. ¿Cómo lo supo? —me respondió.

Sin duda, no había nada demoníaco en su experiencia. Su visita a Disneylandia estaba fresca en su mente. Cuando te duermes o entras en coma, tu cerebro físico continúa funcionando, pero «no hay manos en el teclado». Si estás mentalmente activo y golpeas el teclado de tu mente, no estás dormido. Uno se duerme cuando deja de pensar. Sin embargo, mientras duermes, tu cerebro seguirá trabajando y accederá de manera aleatoria a todo lo que tengas almacenado en tu memoria.

A fin de ilustrarlo, considera el contenido de tus sueños. ¿No se relacionan casi siempre con personas que conoces, cosas que has visto o lugares en los que has estado? Las historias de tus sueños pueden ser bastante creativas, pero las personas y los lugares ya se programaron en tu memoria. Por ejemplo, supongamos que un niño ve una película de terror, luego se duerme y tiene una pesadilla. Lo más probable es que los actores de la pesadilla sean los mismos que los de la película.

En cambio, cuando alguien tiene pesadillas grotescas que no pueden atribuirse a algo visto u oído con anterioridad, diríamos que el sueño es demoníaco. Cuando llevamos a los estudiantes a través de los Pasos hacia la libertad en Cristo, termina ese tipo de pesadilla.

## LA BATALLA ES REAL

Esta batalla espiritual por nuestras mentes debe revelarse por lo que es, a fin de que podamos ayudar de veras a las personas que la experimentan. Te ilustraremos el porqué. Por lo general, ¿qué sucede cuando los niños asustados entran en la habitación de sus padres y dicen que vieron o escucharon algo en su habitación? Es probable que uno de los padres entre en la habitación del niño, busque en el armario o debajo de la cama y luego diga: «No hay nada en tu habitación, cariño, ¡ahora vuelve a dormir!».

Si eres joven o adulto y ves algo en *tu* habitación, ¿lo olvidarías y te volverías a dormir? «Pero miré en la habitación. No había nada allí», responde el padre. Y tendría razón. Nunca hubo nada en la habitación que pudiera detectarse por nuestros sentidos naturales. «Entonces, no es real», dice el escéptico. ¡Ah, sí lo es! Lo que tu hijo vio o escuchó estaba en su *mente*, y fue *muy real*.

La batalla espiritual por nuestras mentes no opera según las leyes de la naturaleza que podemos observar. No existen barreras físicas que puedan detener o mantener alejados los movimientos de Satanás. El rostro asustado de un niño demuestra que la batalla es real. ¿Por qué no responderle así a un niño?

> Cariño, creo que viste o escuchaste algo. Yo no escuché ni vi nada, así que eso me ayuda a entender. Puede que estés bajo un ataque espiritual, o puede que tengas malos recuerdos de una película que viste. A veces, no podemos distinguir la diferencia entre lo que es real y el sueño que acabamos de tener.
>
> Antes de orar por tu protección, quiero que sepas que Jesús es mucho más grande y más poderoso que cualquier cosa que veas o escuches que te asuste. La Biblia nos enseña que Jesús, quien vive en nosotros, es más grande que cualquier monstruo en el mundo. Debido a que Jesús siempre está con nosotros, podemos decirle a lo que sea que nos esté asustando que nos deje en el nombre de Jesús. La Biblia nos dice que nos sometamos a Dios y resistamos al diablo, y él huirá de nosotros. ¿Puedes hacer eso, cariño? ¿Tienes alguna pregunta? Entonces, oremos juntos.

Gran parte de lo que hoy se llama falsamente enfermedad mental no es más que una batalla por nuestra mente. Proverbios 23:7 dice: «Como piensa dentro de sí, así es». En otras palabras, no haces nada sin pensarlo primero. Nuestro comportamiento es el resultado de lo que decidimos pensar o creer. No podemos ver lo que piensa la gente. Solo podemos observar lo que hace. Tratar de cambiar nuestro comportamiento (sin cambiar lo que creemos y, por lo tanto, pensamos) nunca producirá resultados duraderos.

Como no podemos leerle la mente a otra persona, tenemos que aprender a hacer las preguntas adecuadas. A Danny, de cinco años de edad, lo enviaron a la dirección de su escuela cristiana por lastimar a otros niños en el patio de recreo. Se había comportado de forma agresiva con los demás y estaba inquieto en clase. Su maestra dijo: «Estoy desconcertada por su comportamiento reciente; ¡no es propio de Danny actuar así!». La madre de Danny también era maestra en la escuela. Cuando le preguntó a su hijo acerca de Jesús, él se tapó los oídos y gritó: «¡Odio a Jesús!». Entonces, ¡la agarró y se rio con una voz espantosa!

Le preguntamos a Danny si alguna vez escuchó voces que le hablaban en la cabeza. Pareció aliviado ante la pregunta y admitió que en el patio de recreo había voces que le gritaban que lastimara a otros niños. Los pensamientos eran tan fuertes que la única manera de acallarlos era obedeciendo, aunque sabía que se metería en problemas. Le dijimos a Danny que ya no tenía que escuchar las voces. Luego lo guiamos a través de la versión infantil de los Pasos hacia la libertad, y le pedimos que dijera las oraciones después de nosotros. Cuando terminamos, le preguntamos cómo se sentía. Una gran sonrisa se le dibujó en su rostro y, con un suspiro de alivio, dijo: «¡Mucho mejor!». Al día siguiente, su maestra notó una nueva calma en Danny, como si fuera un niño diferente. Desde entonces no ha vuelto a repetir su comportamiento agresivo en la escuela.

Un matrimonio cristiano adoptó a un niño y lo recibió en su casa con los brazos abiertos. Su pequeño e inocente bebé se convirtió en un monstruo antes de cumplir cinco años. Su casa estaba alborotada cuando me pidieron (a Neil) que hablara con él. Tras una charla amistosa, le pregunté si alguna vez le había parecido que alguien le hablaba en su cabeza.

—Sí —dijo—, todo el tiempo.

—¿Qué están diciendo?

—Me están diciendo que no soy bueno.

Entonces, le pregunté si alguna vez había invitado a Jesús a su vida.

—Sí, pero no lo dije en serio —respondió.

Le dije que si le pedía de verdad a Jesús que entrara en su vida, podría decirle a esas voces que lo dejaran. Al darse cuenta de eso, le entregó su corazón a Cristo.

Otro matrimonio escuchó golpes en la pared de la habitación de su hijo. Al parecer, había apuñalado la pared varias veces con unas tijeras. Nunca lo atraparon haciéndolo ni encontraron las tijeras. Entonces, su hijo empezó a cortar cada prenda de ropa en la casa. De nuevo, nunca sorprendieron a su hijo mientras lo hacía. Se acumularon enormes facturas médicas y de consejería mientras intentaban con desesperación encontrar una solución. Por último, a los padres se les presentó nuestro material y empezaron a considerar que esto podría ser un problema espiritual, por lo que le preguntaron a su hijo si alguna vez tuvo pensamientos que le dijeran que hiciera lo que hacía. Dijo: «Sí, y si no hago lo que me piden, dicen que te matarán [al padre]». ¡El niño pequeño pensó que le salvaba la vida a su padre!

La batalla espiritual por tu mente se ilustra de manera gráfica en esta carta que recibimos:

> Quería darles las gracias por mostrarme cómo liberarme de algo que siempre sospeché que era espiritual, pero de lo que nunca estuve muy seguro. Durante años, desde que era adolescente (ahora tengo treinta y seis años), tuve esas «voces» en mi cabeza. Había grandes coros de ellas. Cuando aparecía el tema de la esquizofrenia en la televisión o en una revista, pensaba: *Sé que no soy esquizofrénico, ¿pero qué es esto que tengo en la cabeza?*
>
> Me torturaban, se burlaban y se mofaban de mí. Se cuestionaba cada uno de mis pensamientos y, en consecuencia, mi autoestima era nula. A menudo deseaba que las voces se callaran, y siempre me preguntaba si otras personas también escuchaban voces y si era «común».
>
> Cuando empecé a aprender de ustedes acerca de llevar cautivo todo pensamiento a la obediencia de Cristo, y cuando leí acerca de las experiencias de otras personas con estas voces, llegué a reconocerlas por lo que eran, y pude hacer que se fueran.

> Fue algo asombroso y hermoso: tener la mente tranquila por completo, después de tantos años de tormento. No necesito explicar más todas las cosas maravillosas que vienen con esta libertad de la mente; es una bendición que parece que ustedes conocen bien.

## LLEVEMOS CAUTIVO TODO PENSAMIENTO

¿Cómo sabemos si esos pensamientos negativos, mentirosos y condenatorios provienen del maligno o son solo nuestros propios patrones de pensamiento de la carne? En cierto sentido, no hay ninguna diferencia. Debemos llevar cautivo *todo* pensamiento a la obediencia a Cristo; es decir, si no es verdad, no lo creas. Por lo que sabrás que pensamientos como este no provienen de ti si sigues los Pasos hacia la libertad y, entonces, esos pensamientos ya no están ahí. Los patrones de pensamiento de la carne no desaparecen por sí solos. Se sustituyen o superan poco a poco a medida que renovamos nuestras mentes.

Pablo dijo que no debemos estar ansiosos (de doble ánimo) por nada. Más bien debemos volvernos a Dios en oración, «y la paz de Dios, que sobrepasa todo entendimiento, guardará vuestros corazones y vuestras mentes [noema] en Cristo Jesús» (Filipenses 4:7). El siguiente versículo dice que debemos dejar que nuestras mentes mediten en las cosas que son verdaderas, puras, amables y justas.

Nuestra relación con Dios es personal, y como en cualquier relación, hay ciertos problemas que deben resolverse para que la relación marche bien. No podemos esperar que Dios nos bendiga si vivimos en abierta rebelión contra Él. «La rebeldía es tan grave como la adivinación, y la arrogancia, como el pecado de la idolatría» (1 Samuel 15:23, NVI®). Si somos orgullosos, Dios se opone a nosotros (Santiago 4:6, NVI®). Si estamos amargados y no estamos dispuestos a perdonar, Dios nos entregará a los verdugos (Mateo 18:34). Si uno de estos problemas está interfiriendo con tu relación con Dios, ¡resuélvelo! Solo Él puede ayudarte en la batalla por tu mente, pues es quien venda a los quebrantados de corazón y libera a los cautivos.

## ENCUENTRO CON LA VERDAD

### LEE

2 Corintios 10:3-5

### REFLEXIONA

1. Antes de que Cristo formara parte de nuestras vidas, aprendimos muchas maneras de afrontar la vida o de defendernos que no eran saludables. Escribe los siete mecanismos de defensa diferentes que analizamos en este capítulo.

2. ¿De qué manera has confiado personalmente en algunos de esos mecanismos de defensa? ¿Alguno se ha convertido en una fortaleza en tu vida?

3. ¿Pueden Satanás o sus demonios poner pensamientos en nuestra mente? (Consulta 1 Crónicas 21:1).

4. ¿Qué queremos decir cuando afirmamos: «La batalla contra las fuerzas espirituales está en nuestras mentes»?

### RESPONDE

Ora y pídele al Señor que le revele a tu mente cualquier antiguo mecanismo de defensa del que hayas estado dependiendo. Renuncia a ellos con cuidado y declara hoy que Jesús es tu fuerza y tu única defensa.

5

# HAZLE FRENTE AL PRÍNCIPE REBELDE

*La gracia otorgada a los santos apóstoles es digna de toda admiración. Sin embargo, la generosidad del Dador supera toda la alabanza y admiración. Él les da, como dije, su propia gloria. Ellos reciben autoridad sobre los espíritus malignos. Reducen a nada el orgullo del demonio que era en extremo exaltado y arrogante. Hacen ineficaz la maldad del demonio. Por el poder y la eficiencia del Espíritu Santo, quemándolos como si estuvieran en llamas, hacen salir al diablo con gemidos y llantos de quienes había poseído.*

**CIRILO DE ALEJANDRÍA (378-444 D. C.)**

Una de las primeras personas con las que traté (Neil) sobre conflictos espirituales e influencias demoníacas fue María. Era una cristiana con graves problemas mentales y emocionales que se desarrollaron después que su padre se divorciara de su madre. En un período de cinco años, a María la ingresaron tres veces en un hospital psiquiátrico. Después de unas tres semanas de consejería conmigo, por fin se atrevió a sacar el tema de las serpientes en su vida.

—¿Qué me dices de las serpientes? —le pregunté.

—Bueno, se arrastran sobre mí por la noche cuando estoy en la cama —confesó.

—¿Qué haces cuando vienen las serpientes?

—Corro hacia mi madre. En cambio, siempre vuelven cuando estoy sola.

—Te diré lo que debes hacer —continué—. Cuando estés en la cama y vengan las serpientes, di en voz alta: "En el nombre de Cristo, les ordeno que me dejen".

—No puedo hacer eso —protestó María—. No soy lo bastante madura ni fuerte.

—No es una cuestión de madurez; es una cuestión de tu posición en Cristo. Tienes tanto derecho a someterte a Dios y resistir al diablo como lo hago yo.

María se retorció ante la perspectiva.

—Bueno, supongo que podría hacer eso —suspiró, y parecía como si acabara de aceptar tomarse una medicina de mal sabor.

A la semana siguiente, cuando entró María, dijo:

—¡Las serpientes se fueron!

—¡Excelente! ¿Por qué no me lo contaste antes?

—Porque tenía miedo de que te llegaran a ti también. Ahora me doy cuenta de que esto solo era otra parte de la mentira de Satanás.

Al cabo de unos meses, María quedó libre de la trampa del diablo.

Antes de hablar sobre la realidad y la actividad actual de Satanás y sus demonios, necesitas entender tu posición de autoridad en Cristo sobre los poderes de las tinieblas. Santiago escribió: «Resistid, pues, al diablo y huirá de vosotros» (Santiago 4:7). No obstante, si no le resistes, no tiene por qué irse. O si solo te cubres con mantas la cabeza con miedo y dices: «Ay Dios, haz algo con estas influencias demoníacas», los espíritus malignos no tienen por qué irse. Resistir al diablo en tu vida es tu responsabilidad basada en la autoridad que posees en Cristo.

## LLEVA LA CREDENCIAL DE AUTORIDAD DE JESÚS

Cuando Jesús equipó a sus discípulos para el ministerio, reunió «a los doce, les dio poder y autoridad sobre todos los demonios y para sanar enfermedades. Y los envió a proclamar el reino de Dios y a sanar a los enfermos» (Lucas 9:1-2). Jesús sabía que cuando sus discípulos comenzaran a predicar y a sanar a los enfermos, los poderes demoníacos intentarían detenerlos. Así que les dio poder y autoridad sobre los demonios.

Más tarde, Jesús envió a setenta de sus seguidores a una misión similar, y ellos «regresaron con gozo, diciendo: Señor, hasta los demonios se nos sujetan en tu nombre» (Lucas 10:17). Estaban asombrados por la victoria que habían experimentado sobre los espíritus malignos.

Entonces, Jesús les recordó de inmediato que había algo aún más importante que su autoridad sobre los poderes del mal: «Les he dado autoridad sobre los poderes del enemigo [...] Sin embargo, lo importante no es que los demonios los obedezcan, sino que ustedes estén registrados como ciudadanos del cielo» (Lucas 10:19-20, LBD). Jesús les decía: «No se centren en los demonios; céntrense en Dios».

Esa es una buena advertencia para nosotros. A medida que aprendemos a usar nuestra autoridad sobre el reino de las tinieblas, podemos caer en la tentación de pasar todo nuestro tiempo estudiando el satanismo y el ocultismo, buscando demonios detrás de cada puerta. En cambio, la verdad es la que nos hace libres, no lo mucho que sepamos acerca de las mentiras de Satanás. No tendríamos ninguna autoridad si no fuera por nuestra identidad como hijos de Dios y nuestra posición en Cristo. Lo que somos es siempre más importante que lo que hacemos.

### El derecho y la capacidad

Jesús les dio a sus discípulos tanto *autoridad* como *poder* sobre los demonios. ¿Cuál es la diferencia? La autoridad es el *derecho* a gobernar. Por ejemplo, un policía tiene derecho a detener el tráfico en una intersección debido a la posición de autoridad representada por su placa. De la misma manera, Jesús les dio a sus discípulos su credencial para que la llevaran. Tenían el derecho de gobernar sobre los demonios debido a su posición como seguidores de Aquel a quien se le ha dado toda autoridad en el cielo y en la tierra (Mateo 28:18).

El poder es la *capacidad* de gobernar. Un policía tiene la autoridad para detener el tráfico, pero no tiene la capacidad física para hacerlo. Si intenta detener el tráfico por sus propios medios, es probable que lo atropellen. No obstante, si colocas un bloque de cemento de dos metros cuadrados en medio de la intersección, puede que no tenga ninguna autoridad para hacer que los autos se detengan, ¡pero de seguro que tiene la capacidad para hacer el trabajo!

Jesús les dio a sus seguidores la *responsabilidad* de proclamar las buenas nuevas, y también les dio los recursos que necesitaban para realizar la tarea. Si Jesús no les hubiera dado *autoridad* y *poder* en el mundo de los espíritus, los demonios se habrían reído de sus débiles intentos y los habrían hecho huir en busca de refugio.

Quizá pienses, como María, que no eres lo bastante maduro para resistir a los demonios que intentan interferir en tu vida. Dices: «Después de todo, solo soy un adolescente. El diablo es más poderoso que yo».

Por ti mismo no tienes la capacidad de resistir a Satanás y sus demonios. Sin embargo, *en Cristo la tienes*. En la historia de David y Goliat, los israelitas miraron al gigante con miedo y dijeron: «No podemos luchar en su contra». En cambio, el joven David, es probable que solo fuera un adolescente, miró a Goliat y dijo: «¿Quién es este filisteo [...] para desafiar a los escuadrones del Dios viviente?» (1 Samuel 17:26). Entonces, David lo derribó con su honda.

El ejército vio a Goliat con relación a sí mismo y tembló; David vio a Goliat con relación a Dios y triunfó. Cuando te encuentres con los enemigos espirituales de tu alma, recuerda: Jesús y tú son la mayoría. Un niño pequeño, una abuela anciana o un adolescente en Cristo tienen la misma autoridad en el mundo espiritual que un pastor experimentado. Nos «gloriamos en Cristo Jesús, no poniendo la confianza en la carne» (Filipenses 3:3).

## Cadena de mando

Para los discípulos fue una experiencia reveladora descubrir que «los demonios se nos sujetan en tu nombre» (Lucas 10:17). Este versículo describe a un grupo de soldados poniéndose firmes y siguiendo con precisión las órdenes de su oficial al mando. Jesús nos decía que los demonios son los soldados y que, en Cristo, nosotros somos los generales. Deben hacer lo que les ordenamos en el nombre de Cristo.

A veces vemos de manera errónea a Dios y su reino por un lado y a Satanás y su reino por el otro. Ambos reinos parecen ser muy poderosos, y aquí estamos, atrapados en el medio entre los dos, como la cuerda en un tira y afloja. Algunos días, Dios parece estar ganando, y otros días el diablo parece tener la sartén por el mango. Y parece que no tenemos nada que decir sobre quién gana la batalla.

Sin embargo, no es así. La autoridad espiritual no es un tira y afloja; es una cadena de mando. Jesucristo tiene toda autoridad en el cielo y en la tierra (Mateo 28:18). Él está en la cima. Él les ha dado su autoridad y poder a sus hijos para que los usen en su nombre (Lucas 10:17); nosotros estamos debajo de Él. ¿Qué pasa con Satanás y sus demonios? Están abajo, sujetos a la autoridad que Cristo nos ha dado. No tienen más derecho a gobernar nuestras vidas que el que tiene un soldado raso en el ejército para ordenarle a un general que limpie las letrinas

Entonces, ¿por qué el reino de las tinieblas ejerce una influencia maligna tan poderosa en el mundo y en las vidas de tantos jóvenes cristianos? Porque el diablo es un excelente mentiroso. El poder de Satanás no es igual al de Dios; a Satanás se le derrotó por completo. No obstante, si puede engañarte haciéndote creer que tiene más poder y autoridad que tú, ¡vivirás como si los tuviera! Se te ha dado autoridad sobre el reino de las tinieblas, pero si no lo crees y no la usas, es como si no la tuvieras.

## LA CREDENCIAL DE AUTORIDAD DE JESÚS EN EL MUNDO ACTUAL

Los cristianos de hoy disfrutan del mismo derecho a la autoridad de Cristo en el mundo espiritual que la de los discípulos que Él envió personalmente. Es más, debido a la muerte, resurrección y ascensión de Cristo, y al derramamiento del Espíritu Santo, tenemos una ventaja aún mayor en la guerra espiritual que la que tuvieron los primeros discípulos. Ellos estaban *con* Cristo (Marcos 3:14-15), pero nosotros estamos *en* Cristo.

Esa fue la gran noticia de Pablo en las primeras líneas de Efesios 1. Fíjate en cuántas veces menciona nuestra posición en Cristo (énfasis añadido):

> Bendito sea el Dios y Padre de nuestro Señor Jesucristo, que nos ha bendecido con toda bendición espiritual en los lugares celestiales *en Cristo*, según nos escogió *en Él* antes de la fundación del mundo (versículos 3-4) [...], para alabanza de la gloria de su gracia que gratuitamente ha impartido sobre nosotros *en el Amado*. *En Él* tenemos redención mediante su sangre (versículos 6-7) [...]. *En Él* también hemos obtenido herencia [...], a fin de que nosotros, que fuimos los primeros en esperar *en Cristo*, seamos para alabanza de su gloria. *En Él* también vosotros [...], fuisteis sellados *en Él* con el Espíritu Santo de la promesa (versículos 11-13).

Pablo quería asegurarse de que nadie se quedara sin entenderlo bien. Todo lo que tenemos se debe a nuestra relación personal con Cristo y su Espíritu que mora en nosotros.

Habiendo establecido firmemente la realidad de nuestra posición en Cristo, Pablo expresó el deseo de su corazón de tener creyentes controlados por el Espíritu en esta oración:

> Mi oración es que los ojos de vuestro corazón sean iluminados, para que sepáis cuál es la esperanza de su llamamiento, cuáles son las riquezas de la gloria de su herencia en los santos, y cuál es la extraordinaria grandeza de su poder para con nosotros los que creemos, conforme a la eficacia de la fuerza de su poder, el cual obró en Cristo cuando le resucitó de entre los muertos y le sentó a su diestra en los lugares celestiales (Efesios 1:18-20).

Necesitamos tener nuestros ojos internos abiertos, pues nuestro problema no es que no estemos en Cristo; es que no lo *vemos* ni lo *entendemos*. Y cuando no entendemos quiénes somos, no experimentamos la libertad ni la facultad de dar frutos que acompañan a nuestra posición en Cristo.

Pablo también sugiere que nuestro problema con la autoridad en el mundo espiritual no es que no tengamos acceso a la grandeza del poder de Cristo; es que no la vemos. Y mientras no veamos que la autoridad de Cristo está disponible para nosotros, no podremos ejercer esa autoridad en nuestras vidas, y viviremos en esclavitud.

La razón por la que Cristo nos dio su autoridad fue para demostrarle al reino de las tinieblas quién de veras tiene el control en este mundo. En Efesios 3:8-10, Pablo escribió: «A mí, que soy menos que el más pequeño de todos los santos, me fue dada esta gracia de anunciar entre los gentiles el evangelio de las inescrutables riquezas de Cristo [...]; para que la multiforme sabiduría de Dios sea ahora dada a conocer por medio de la iglesia a los principados y potestades en los lugares celestiales» (RVR60. Los «lugares celestiales» no son un lugar físico; es un reino espiritual.

¿Cómo les estamos dando a conocer la victoria de Cristo a «los principados y potestades en los lugares celestiales»? En la mayoría de los grupos de jóvenes, no muy bien. Algunos de nosotros todavía nos preguntamos: «¿Qué principados y potestades?». Ni siquiera estamos seguros de que existan los demonios. ¿Cómo vamos a hacer nuestro trabajo en el mundo si no creemos lo que Dios dice sobre el reino de las tinieblas?

Otros nos escondemos en un rincón, suplicando: «¡Oh Dios, por favor, ayúdanos! ¡El diablo nos está rugiendo!». Y Dios responde: «Ya hice todo lo que tenía que hacer. Derroté y desarmé a Satanás en la cruz. Te di toda la autoridad que necesitas en Cristo. Ahora abre los ojos. Date cuenta de quién eres y asume tu responsabilidad con la autoridad que ya tienes».

## ¿Tienes lo que se necesita?

¿Cómo nos apropiamos de la autoridad de Cristo sobre los poderes espirituales? ¿Cada cristiano tiene esta autoridad sin importar su edad o nivel de madurez espiritual? Sí, cada creyente tiene autoridad espiritual debido a su posición en Cristo. Sin embargo, hay cuatro requisitos para ejercer autoridad sobre principados y potestades en el mundo espiritual.

1. *Creencia.* Imagina a un policía de tránsito novato que se acerca a una intersección concurrida para dirigir el tráfico por primera vez. Sus instructores en la academia le dijeron que todo lo que tenía que hacer era salir a la calle y levantar la mano, y los autos se detendrían, pero él no está tan seguro. Se para en la acera, suena débilmente su silbato y tiembla ante una especie de ola de autos que se le acercan y rugen a su lado. Su autoridad se reduce por su falta de confianza.

Ahora imagina a un agente veterano que llega al lugar. Evalúa la situación, sale a la calle con cuidado, pero con confianza, hace sonar su silbato, extiende la mano... y los autos se detienen. No le cabe duda de que tiene el control en esa intersección, pues cree firmemente en su autoridad.

Como cristiano, si no crees que tienes autoridad, no vas a ejercerla. Si tu creencia es débil, tu expresión también será débil e ineficaz. En cambio, si tienes confianza en la autoridad que Cristo te ha dado, la ejercerás con confianza.

Una noche, recibí (Neil) una interesante llamada telefónica de un pastor de jóvenes cuya creencia en su autoridad se la ponían a prueba. Estaba de visita en la casa de uno de los estudiantes de su iglesia mientras los padres jugaban a los bolos. Era una familia cristiana, pero el hermano mayor en el hogar había estado viviendo una mentira. Engañaba a sus familiares y lo engañaban a él.

—Dr. Anderson, estaba aquí sentado visitando a un chico de mi grupo y a su hermana pequeña cuando sentimos una presencia maligna en la habitación. Nos asustó a todos. Sabía que algo andaba muy mal.

—¿Qué hiciste? —le pregunté.

—Dije en voz alta: "Muy bien, sé que estás aquí. Muéstrate ante nosotros". De repente, un cuadro en la pared giró noventa grados. Fue entonces cuando decidí llamarlo.

La confianza de mi joven amigo en su autoridad se había debilitado de pronto. Si alguna vez desafías a un espíritu maligno como lo hizo él, debes ser capaz de ejercer tu autoridad en Cristo y resolver el conflicto.

A la noche siguiente, fui a la casa y me reuní con toda la familia, incluido el muchacho cuyas mentiras le habían abierto la puerta a la actividad demoníaca. Oramos juntos, y el padre, como cabeza de familia, tomó autoridad sobre su hogar y lo encomendó, junto con su familia, al Señor.

Durante dos días no hubo evidencia de la presencia maligna. Entonces, una noche, al parecer el enemigo decidió poner a prueba la fe de la familia. La niña se despertó aterrorizada en mitad de la noche. Vio una luz espeluznante en el pasillo que brillaba debajo de la puerta de su dormitorio. Sus padres dormían al otro lado del pasillo y ella quería ir a verlos, pero tenía miedo de abrir la puerta. Al final, recordando nuestro tiempo de oración unas noches antes, ejerció su fe y abrió la puerta. En cuanto lo hizo, la luz desapareció para no volver jamás.

Quizá solo te consideres un «novato» en detener el tráfico del diablo en tu vida. Sin embargo, Jesucristo es un veterano experimentado y tú estás en Él. Edifica tu fe en tu autoridad estudiando cómo Jesús operó contra los poderes de las tinieblas en los Evangelios y cómo se nos ordena hacerlo a nosotros en las Epístolas.

2. *Humildad.* La humildad no significa que siempre estés buscando una roca bajo la cual arrastrarte porque te sientes indigno de hacer algo. La humildad es la confianza que se deposita como es debido. Al ejercer nuestra autoridad, la humildad es confiar en Cristo, la fuente de nuestra autoridad, en lugar de hacerlo en nosotros mismos. Jesús no retrocedió a la hora de ejercer su autoridad, pero mostró una tremenda humildad al hacerlo todo de acuerdo con lo que su Padre le dijo que hiciera.

El orgullo dice: «Resistí al diablo yo solo». La falsa humildad dice: «Dios resistió al diablo; yo no hice nada». La verdadera humildad dice: «Resistí al diablo por la gracia de Dios». Separados de Cristo no podemos hacer *nada* (Juan 15:5), pero eso no significa que no debamos hacer *algo*. En su fuerza y en su nombre, ejercemos con humildad su autoridad.

3. *Valor.* Un cristiano bajo el control del Espíritu tiene un verdadero y piadoso sentido de valentía y audacia en la guerra espiritual. Justo antes de entrar a la Tierra Prometida, a Josué se le desafió cuatro veces a ser fuerte y valiente (Josué 1:6-7, 9, 18). Cuando la iglesia primitiva oró acerca de su misión de predicar el evangelio en Jerusalén, «el lugar donde estaban reunidos tembló, y todos fueron llenos del Espíritu Santo y hablaban la palabra de Dios con valor» (Hechos 4:31). El valor inspirado por el Espíritu está detrás de cada avance exitoso en la iglesia de hoy.

> Yo soy el Alfa y la Omega, el principio y el fin. Al que tiene sed, yo le daré gratuitamente de la fuente del agua de la vida. El vencedor heredará estas cosas, y yo seré su Dios y él será mi hijo. Pero los cobardes, incrédulos, abominables, asesinos, inmorales, hechiceros, idólatras y todos los mentirosos tendrán su herencia en el lago que arde con fuego y azufre, que es la muerte segunda (Apocalipsis 21:6-8).

Eso es bastante serio: ¡los cobardes e incrédulos alineados en el lago de fuego junto a asesinos, hechiceros e idólatras! Debería servir para motivarnos a creer en Dios y vivir con valentía una vida justa: «Dios no nos ha dado un espíritu de timidez, sino de poder, de amor y de dominio propio» (2 Timoteo 1:7, NVI®).

Muchos cristianos le temen al lado oscuro del mundo espiritual. Dicen: «Me da miedo hablar de demonios». Es cierto que un poco de conocimiento puede ser algo peligroso y aterrador, pero un conocimiento creciente de la verdad es liberador.

4. *Dependencia*. La autoridad de la que hablamos aquí no es una autoridad independiente. No nos lanzamos solos como una especie de cazafantasmas cristianos para cazar al diablo y combatirlo. El llamado principal de Dios es que cada uno de nosotros se concentre en el ministerio del reino: amar, cuidar, predicar, enseñar, orar, etc. Sin embargo, cuando los poderes demoníacos nos desafían en el curso de este ministerio, los enfrentamos sobre la base de nuestra autoridad en Cristo y nuestra dependencia de Él. Esta autoridad no es sobre los demás, pues debemos estar sometidos «unos a otros en el temor de Cristo» (Efesios 5:21). Nuestra autoridad está sobre el reino de las tinieblas. La luz disipa las tinieblas. La verdad desenmascara la mentira.

## LIBRE DEL MIEDO

Cuando ejercemos con valor y humildad la autoridad que Cristo nos confirió sobre el reino espiritual, experimentamos la libertad que todos tenemos en Cristo. Después que se publicó la primera edición de este libro, recibí (Neil) el siguiente testimonio:

> Durante los últimos treinta y cinco años, he vivido de una oleada de adrenalina a la siguiente. Mi vida entera ha sido dominada por miedos paralizantes que parecen venir de la nada y de todas partes, miedos que no tenían mucho sentido para mí ni para nadie más. Invertí cuatro años de mi vida obteniendo un título en psicología, con la esperanza de que me permitiera comprender y vencer esos temores. La psicología solo

perpetuó mis preguntas e inseguridades. Seis años de consejería profesional ofrecieron poca información y ningún cambio en mi nivel de ansiedad.

Después de dos hospitalizaciones, viajes a la sala de urgencias, constantes electrocardiogramas, una visita al cirujano torácico y un montón de otras pruebas, mis ataques de pánico solo empeoraron. Cuando llegué a verlo a usted, los ataques de pánico se habían convertido en algo cotidiano en toda regla.

¡Han pasado tres semanas desde que experimenté un ataque de pánico! He ido a centros comerciales, a los servicios religiosos, he tocado para un servicio de adoración completo y hasta he asistido a la Escuela Dominical con paz en mi corazón. No tenía idea de lo que significaba la libertad hasta ahora. Cuando fui a verlo, esperaba que la verdad me liberara, ¡y ahora sé que es así! Los amigos me han dicho que hasta mi voz es diferente, ¡y mi esposo cree que estoy más alta!

Cuando vives en un estado constante de ansiedad, la mayor parte de la vida se te escapa porque eres incapaz de concentrarte de manera física, emocional y mental en otra cosa que no sea el miedo que te está tragando. Apenas podía leer un versículo de la Escritura de una sentada. Era como si alguien me lo arrebatara en cuanto comenzaba. La Escritura era una neblina para mí. Solo podía escuchar los versículos que hablaban de muerte y castigo. En realidad, me daba miedo abrir mi Biblia. Estas últimas semanas he pasado horas al día en la Palabra, y tiene sentido. La niebla desapareció. Me sorprende lo que puedo escuchar, ver, entender y retener.

> Antes de *Rompiendo las cadenas*, no podía decir «Jesucristo» sin que mi metabolismo se volviera loco. Podría referirme al «Señor» sin ningún efecto negativo, pero cada vez que decía «Jesucristo», mis entrañas se ponían en órbita. Ahora puedo invocar el nombre de Jesucristo con paz y confianza... y lo hago con regularidad.

Satanás no puede hacer nada en cuanto a tu posición en Cristo. En cambio, si logra hacerlo, nublará tus creencias y te confundirá, tratando de hacerte olvidar quién eres en Cristo. Así es que derriba tu fe y te derrota en la batalla espiritual.

Queremos hacernos eco de la oración de Pablo en Efesios 1. Oramos para que tus ojos sean abiertos, a fin de que puedas ver y entender la autoridad y el poder que Cristo te ha extendido como creyente.

## ENCUENTRO CON LA VERDAD

### LEE

Mateo 28:18; Lucas 10:17

### REFLEXIONA

1. Jesús les dio a sus seguidores poder y autoridad sobre las fuerzas demoníacas. ¿Cuál es la diferencia entre poder y autoridad?
2. ¿Tienen los cristianos adolescentes la misma autoridad y poder sobre lo demoníaco que los primeros seguidores de Jesús?
3. ¿Qué cuatro cualidades deben estar presentes en nuestra vida para que la autoridad de Dios esté a nuestra disposición?
4. Dado que Satanás no puede hacer nada respecto a nuestra posición en Cristo, ¿cómo intentará derrotarnos en la batalla espiritual?

### RESPONDE

Ora para que tus ojos se abran de tal manera que puedas ver y entender el poder y la autoridad que Cristo te ha extendido como creyente.

6

# JESÚS TE TIENE CUBIERTO

*Por lo que leemos del Señor nuestro Salvador a lo largo de las Escrituras, queda claro que toda la armadura de Cristo es el Salvador mismo. A Él es a quien se nos pide que nos «pongamos». Es lo mismo decir: «Ponte toda la armadura de Dios» que decir: «Ponte al Señor Jesucristo».*

JERÓNIMO (347–419, D. C.)

¿Alguna vez te has dicho: «He tenido más problemas en mi vida desde que me convertí al cristianismo»? Muchos cristianos han hecho ese descubrimiento. ¿Por qué a veces es tan difícil ser cristiano? Porque cuando nos convertimos en hijos de Dios, ganamos un enemigo que antes no teníamos. En nuestros días a. C. (antes de Cristo), el diablo no tenía por qué molestarnos, pues ya éramos parte de su reino. Su objetivo era mantenernos allí cegándonos al plan de salvación de Dios (2 Corintios 4:3-4).

Sin embargo, cuando vinimos a la vida en Cristo, Satanás no enroscó su cola ni sacó sus colmillos. Todavía está comprometido a arruinar nuestra vida con sus mentiras, a fin de poder «probar» que el cristianismo no da resultado, que la Palabra de Dios no es verdad y que, en realidad, nada sucedió cuando nacimos de nuevo.

Entonces, ¿cuál es el beneficio de ser cristiano? Te preguntarás: ¿Quién en su sano juicio querría apuntarse a una vida llena de problemas? En realidad, no tiene por qué ser una vida llena de problemas. No tenemos que ser un disco de *hockey* indefenso a merced de Satanás y sus demonios. Dios ya nos proveyó la protección que necesitamos para protegernos de cualquier ataque satánico. Solo necesitamos saber lo que Dios ha provisto y aplicarlo en nuestras propias vidas.

Algunos jóvenes cristianos están un poco paranoicos con los poderes malignos. Temen que los demonios estén esperando en cada esquina para poseerlos. Ese es un temor poco realista. Nuestra relación con los poderes demoníacos en el mundo espiritual es muy parecida a nuestra relación con los gérmenes en el mundo físico. Sabemos que los gérmenes están a nuestro alrededor: en el aire, en el agua, en nuestra comida, en otras personas, incluso en nosotros mismos. Aun así, ¿vivimos con el miedo constante de contraer alguna enfermedad? No, ¡a menos que seamos hipocondríacos! Deberíamos saber lo suficiente sobre una vida saludable para comer los alimentos adecuados, descansar lo suficiente y mantenernos limpios. No te preocupes por los gérmenes. Sé consciente de tu salud, y tu sistema inmunológico te protegerá. Si te resfrías o contraes sarampión, solo asúmelo y sigue con tu vida.

Lo mismo ocurre en el mundo espiritual. Los demonios son como pequeños gérmenes invisibles que buscan a alguien a quien infectar. En la Biblia nunca se nos dice que les tengamos miedo. Solo necesitamos ser conscientes de que son reales y comprometernos a vivir una vida recta a pesar de ellos. Si nos atacan, los afrontamos y seguimos con nuestra vida. No te centres en el demonio; céntrate en Cristo.

Recuerda: Lo único grande de un demonio es su boca. Los demonios son mentirosos habituales. En Jesucristo la Verdad, estamos equipados con toda la autoridad y protección que necesitamos para enfrentar cualquier cosa que nos lancen.

## LA PROTECCIÓN DE DIOS

Efesios 6:10-18 nos habla del programa de protección de Dios. Observa con qué frecuencia se nos ordena a participar de forma activa en la defensa espiritual que Él nos provee:

> *Fortaleceos* en el Señor y en el poder de su fuerza. *Revestíos* con toda la armadura de Dios para que *podáis estar firmes* contra las insidias del diablo. Porque nuestra lucha no es contra sangre y carne, sino contra principados, contra potestades, contra los poderes de este mundo de tinieblas, contra las huestes espirituales de maldad en las regiones celestiales. Por tanto, *tomad* toda la armadura de Dios, para que *podáis resistir* en el día malo, y habiéndolo hecho todo, *estar firmes* (versículos 10-13).

Tal vez te preguntes: *Si mi posición en Cristo es segura y mi protección se encuentra en Él, ¿por qué tengo que involucrarme? ¿No puedo retroceder y dejar que Él me proteja?*

Es como si un soldado dijera: «Nuestro país tiene un ejército grande y poderoso. Tenemos los tanques y aviones más avanzados del mundo. ¿Por qué debería molestarme en usar un casco o aprender a disparar un arma? Me quedaré en el campamento mientras los tanques y los aviones libran la guerra». Cuando aparezcan las tropas enemigas, ¡adivina a qué soldado le dispararán primero!

Dios, nuestro «oficial al mando», nos ha proporcionado todo lo que necesitamos para ganar la batalla contra las fuerzas malignas de las tinieblas. Aun así, Él dice: «He preparado un plan de batalla ganador y he diseñado armas eficaces. Pero si no haces tu parte al permanecer en el servicio activo, es probable que te conviertas en una baja». No puedes esperar que Dios te proteja de las influencias demoníacas si no tomas parte activa en la estrategia que preparó.

## VESTIDOS PARA LA BATALLA

La armadura que Dios nos ha provisto y nos ha ordenado usar es nuestra principal protección contra el enemigo. Pablo escribió:

> Manténganse firmes, ceñidos con el cinturón de la verdad, protegidos por la coraza de justicia y calzados con la disposición de proclamar el evangelio de la paz. Además de todo esto, tomen el escudo de la fe, con el cual pueden apagar todas las flechas encendidas del maligno. Tomen el casco de la salvación y la espada del Espíritu, que es la palabra de Dios (Efesios 6:14-17, NVI®).

Cuando nos ponemos la armadura de Dios, en realidad nos vestimos de Cristo (Romanos 13:12-14). Y cuando nos vestimos de Cristo, nos ponemos bajo su protección, donde el maligno no puede tocarnos (1 Juan 5:18).

### La armadura que ya te pusiste

De Efesios 6:14-15 se desprende que ya llevamos puestas tres de las piezas de la armadura: el cinturón, la coraza y los zapatos. Estas piezas de la armadura representan la protección que se nos dio cuando recibimos a Jesucristo. No se nos ordena ponernos estas piezas, sino mantenernos firmes en ellas.

*El cinturón de la verdad.* Jesús dijo: «Yo soy [...] la verdad» (Juan 14:6). Y como Cristo está en nosotros, la verdad está en nosotros. Sin embargo, seguir eligiendo la verdad no siempre es fácil. Dado que el arma principal de Satanás es la mentira, a nuestro cinturón de la verdad (que mantiene las otras piezas de la armadura en su lugar) lo están atacando siempre. Si Satanás puede incapacitarnos en cuanto a la verdad, nos convertimos en un blanco fácil para sus otros ataques.

Nos mantenemos firmes en la verdad al relacionar todo lo que hacemos con la verdad de la Palabra de Dios. Si te viene a la mente un pensamiento que no va de acuerdo con la verdad de Dios, échalo fuera. Si se presenta una oportunidad para decir o hacer algo que comprometa o entre en conflicto con la verdad, evítalo. Adopta una sencilla regla de comportamiento: Si es la verdad, estoy dentro; si no es la verdad, no cuentes conmigo.

*La coraza de justicia.* Cuando nos vestimos de Cristo en la salvación, nos perdonaron y justificaron, y llegamos a ser participantes de la naturaleza divina de Cristo (2 Pedro 1:4). No se trata de nuestra justicia, sino de la de Cristo (1 Corintios 1:30; Filipenses 2:8-9). Así que cuando Satanás te apunte con una flecha diciendo: «No eres lo bastante bueno para ser cristiano», puedes responder con Pablo: «¿Quién acusará a los que Dios ha escogido? Dios es el que justifica» (Romanos 8:33, NVI®). Tu posición en Cristo es tu protección contra las acusaciones de Satanás de que no eres más que un pecador inútil.

Aunque estemos contentos con nuestra posición de justicia en Cristo, somos muy conscientes de que a veces pensamos, decimos o hacemos cosas que no deberíamos. Somos santos que pecamos. Mantenernos firmes en nuestra justicia implica entender y aplicar lo que dice la Palabra de Dios acerca de la confesión.

El remedio de Dios para el pecado se declara en 1 Juan 1:9: «Si confesamos nuestros pecados, Él es fiel y justo para perdonarnos los pecados y para limpiarnos de toda maldad». Confesar es diferente a decir «lo siento» o pedir perdón. Confesar significa estar de acuerdo con Dios.

Supongamos que cuando eras más joven tu padre te sorprendió tirándole una piedra a un auto. Tu papá dice: «Le tiraste una piedra a un auto y eso estuvo mal». Si respondes: «Lo siento, papá», ¿te has confesado? La verdad es que no. También puedes decir: «Por favor, perdóname, papá», ¿pero ya confesaste? No. No confiesas hasta que estás de acuerdo con tu papá y le digas: «Le tiré una piedra a un auto. Me equivoqué».

Cuando pecamos, podemos sentirnos muy apenados, pero sentirnos afligidos o incluso decirle a Dios que lo sentimos no es confesión. Confesamos nuestro pecado cuando decimos lo que

Dios dice al respecto: «Pensé en esa chica (o chico) con lujuria, y eso es pecado»; «Me enojé y le grité a mi hermano esta mañana, y eso estuvo mal»; «El orgullo me motivó a buscar ese puesto en el consejo estudiantil, y el orgullo no pertenece a mi vida».

Satanás te hará la confesión lo más difícil posible. Intentará convencerte de que es demasiado tarde para la confesión, que Dios ya borró tu nombre del libro de la vida del Cordero. Esa es otra de sus grandes mentiras. Estás en Cristo; ya estás perdonado. Eres justo en Cristo (2 Corintios 5:21), y Él nunca te dejará. Tu relación con Dios no está en juego cuando pecas, pero sí tu victoria diaria. Tu confesión de pecado te despeja el camino para que vivas una vida justa día a día.

*Los zapatos de la paz.* Cuando recibimos a Cristo, nos unimos al Príncipe de Paz. Tenemos paz con Dios ahora mismo (Romanos 5:1), pero la paz de Cristo también debe reinar en nuestro corazón. Eso solo es posible cuando llenamos nuestro corazón cada día con la Palabra de Dios (Colosenses 3:15-16).

Los zapatos de la paz se convierten en protección contra las muchas artimañas del diablo cuando actúas como pacificador entre los creyentes (Romanos 14:19). Los pacificadores unen a las personas promoviendo el compañerismo y uniendo a los cristianos divididos. Preserva la unidad cristiana siendo un pacificador en tus relaciones (Mateo 5:9; Efesios 4:3).

## El resto de la armadura

Pablo menciona tres piezas más de la armadura que debemos ponernos, a fin de protegernos del ataque de Satanás: el escudo de la fe, el casco de la salvación y la espada del Espíritu, que es la Palabra de Dios. Las tres primeras piezas de la armadura son el resultado de nuestra posición en Cristo; las tres últimas nos ayudan a seguir ganando la batalla.

*El escudo de la fe.* La fe solo es lo que crees acerca de Dios y su Palabra. Cuanto más conozcas a Dios y su Palabra, más fe tendrás. Cuanto menos sepas, más pequeño será tu escudo de fe y más fácil será que te alcance una de las flechas encendidas de Satanás. Si quieres que tu escudo de fe crezca y te proporcione mayor protección contra Satanás, necesitas aumentar tu conocimiento de Dios y su Palabra (Romanos 10:17).

Estas flechas encendidas de Satanás no son más que mentiras ardientes, acusaciones candentes y tentaciones abrasadoras que bombardean nuestras mentes. Cuando un pensamiento engañoso, una acusación o una tentación entre en tu mente, afróntalo directamente con lo que sabes que es verdad acerca de Dios y su Palabra. ¿Cómo desvió Jesús la tentación de Satanás? Protegiéndose con declaraciones de la Palabra de Dios. Cada vez que memorizas un versículo de la Biblia, escuchas un sermón o participas en un estudio bíblico en el grupo de jóvenes, aumentas tu conocimiento de Dios y amplías tu escudo de fe. No tenemos el llamado a disipar las tinieblas; tenemos el llamado a encender la luz. La mentira se vence al elegir la verdad.

*El casco de la salvación.* Si tu escudo de la fe está un poco agujereado y tu victoria diaria es difícil de alcanzar, ten confianza en que el casco de la salvación garantiza tu victoria eterna. El casco también cubre la parte más importante de tu cuerpo: tu mente, donde las batallas espirituales se ganan o se pierden. Mientras luchas cada día con el mundo, la carne y el diablo, mantente firme sabiendo que tu salvación no va y viene con tus éxitos y fracasos. Eres hijo de Dios, y nada puede separarte del amor de Cristo (Romanos 8:38-39).

*La espada del Espíritu.* La Palabra de Dios es la única arma ofensiva mencionada en la lista de armaduras. En este versículo, Pablo parece referirse a la Palabra hablada de Dios. Debemos defendernos contra el maligno hablando en voz alta la verdad de Dios.

¿Por qué es tan importante hablar la Palabra de Dios además de creerla y pensarla? Porque Satanás no sabe a la perfección lo que pensamos. Es un ser creado; no puede leer nuestros pensamientos como Dios. Si solo le decimos a Satanás que se vaya con nuestros pensamientos, puede que no se vaya debido a que no puede escucharnos. *Debemos oponernos a los ataques directos hablando claro.*

Muchas de las personas a las que hemos ayudado en nuestras conferencias estudiantiles *Emergiendo de la oscuridad* cuentan una experiencia común. Afirman que los despertaron en medio de la noche aterrorizados por completo y sin razón aparente. Era un miedo que les erizaba la piel, y sabían que era un ataque de Satanás. Como habían aprendido quiénes eran en Cristo y habían conocido la naturaleza de los ataques de Satanás, solo aplicaron el remedio de dos pasos sugerido por Santiago: «Así que sométanse a Dios. Resistan al diablo y él huirá de ustedes» (4:7, NVI®). Pudieron volver a dormir en completa paz.

Incluso mi hija Dani (de Dave), de tres años, aprendió a hacer huir al enemigo hablando con la autoridad de la Palabra de Dios. Después que mi esposa Grace y yo nos unimos al Ministerio Libertad en Cristo para jóvenes, Dani comenzó a sentir una presencia maligna en su habitación por la noche: una criatura a la que llamaba «Sol feo» y otras cuatro a las que llamaba monos. Sabía que eran malos y su presencia la aterrorizaba.

Una noche la oímos llorar. Cuando entramos a su habitación, dijo que las criaturas estaban allí. Estaba tan asustada que literalmente intentó meterse dentro del pijama de Grace para esconderse. Instruimos a Dani en una oración y, aunque estaba asustada, repitió después de nosotros estas sencillas palabras: «Por el poder y la sangre de Jesús, que se vayan todos los malvados».

Entonces, Dani levantó la vista, sonrió y con total tranquilidad dijo: «Se fueron». Se metió bajo las sábanas y volvió a dormirse a los pocos minutos.

La edad, la madurez y la fuerza física no tienen nada que ver con el éxito en la guerra espiritual (2 Corintios 10:4); es la fuerza del Señor la que hace que los espíritus malignos corran a esconderse. El poder está en la Palabra hablada.

## EL PODER PROTECTOR DE LA ORACIÓN

Una joven que conozco (Dave) vio a Dios obrar de una manera poderosa a través de la oración. Los padres de Julia estaban divorciados desde hacía más de diez años, y su madre estaba muy involucrada en el espiritismo. Desde que Julia tenía uso de razón, sus padres nunca habían dicho una palabra amable el uno del otro, y eso le rompía el corazón. La madre de Julia también la menospreciaba a cada momento, diciéndole que no podía quererla porque tenía sobrepeso. Ni siquiera permitía que le llamara «mamá» a su propia madre. Tenía que llamarla por su nombre de pila. Julia deseaba desesperadamente que su madre la amara y aceptara, y quería que sus padres fueran amables entre sí.

La situación era tan mala que Julia incluso tenía miedo de orar por eso. Pensaba que, en realidad, no era justo pedirle a Dios que hiciera algo tan difícil. La animé a que nada es imposible ni demasiado difícil para Dios. Oramos por su madre para que su mente fuera un lugar tranquilo donde Dios pudiera hablarle y para que no siguiera desanimando a su hija.

Unos días después de nuestra oración juntos, recibí una llamada telefónica de Julia. Estaba tan emocionada que apenas podía controlarse. «¡La oración da resultado! ¡La oración da resultado de verdad!», exclamó. «¡Mi madre acaba de llamar y habló con mi papá! Incluso fueron amables entre sí. Después, habló conmigo y me dijo que solo quería llamarme y decirme lo orgullosa que estaba por ser su hija y que me amaba. ¿No es Dios maravilloso? ¡La oración es poderosa!».

Nunca conocemos por completo los efectos de nuestras oraciones. En cambio, sí sabemos que Dios incluye nuestra oración como parte de su estrategia para establecer su reino. Después de instruirnos para que nos pusiéramos la armadura que Dios nos ha provisto, Pablo escribió: «Oren en todo tiempo. Pidan a Dios cualquier cosa que esté de acuerdo con los deseos del Espíritu. Presenten sus súplicas, recordándole sus necesidades y las de los cristianos de todas partes» (Efesios 6:18, LBD).

¿Qué es la oración? Es la comunicación con Dios. Él sabe lo que necesitamos en nuestra batalla contra los poderes de las tinieblas, y está más dispuesto a satisfacer nuestras necesidades de lo que nosotros lo estamos a pedírselo. Pedirle a Dios demuestra nuestra dependencia de Él.

Con humildad oramos: «Tú eres el Señor, no yo. Tú sabes lo que es mejor; yo no lo sé. No te digo lo que tienes que hacer; te lo pido. Declaro mi dependencia de ti». Tales oraciones abren el camino para que Dios actúe a nuestro favor.

## La oración por visión espiritual

Hay varias necesidades específicas por las que debemos orar en la guerra espiritual. Uno de los objetivos de nuestras oraciones es la ceguera que Satanás ha causado en los incrédulos (2 Corintios 4:3-4). La gente no puede venir a Cristo a menos que se abran sus ojos espirituales.

La oración es el arma principal para combatir la ceguera espiritual. El apóstol Juan escribió: «Si pedimos cualquier cosa conforme a su voluntad, Él nos oye. Y si sabemos que Él nos oye en cualquier cosa que pidamos, sabemos que tenemos las peticiones que le hemos hecho» (1 Juan 5:14-15). Justo después, desafió a los creyentes a aplicar lo aprendido al pedirle a Dios que les diera vida a los no creyentes (versículo 16). Nuestra estrategia para traer a otros a Cristo debe incluir la oración, a fin de que la luz de Dios penetre la ceguera causada por Satanás.

También debemos orar, como lo hizo Pablo en Efesios 1:18-19, de modo que los ojos de los creyentes se abran para comprender nuestro poder espiritual, autoridad y protección en Cristo. Mientras Satanás pueda mantenernos en la oscuridad en cuanto a nuestra posición y autoridad en Cristo, nuestro crecimiento, testimonio y servicio como cristianos estarán muy limitados. Tenemos que orar sin cesar los unos por los otros para que la cortina de humo de mentiras de Satanás desaparezca y para que nuestra visión del mundo espiritual sea clara como el cristal.

## Atemos al hombre fuerte

Otro objetivo para la oración es el «hombre fuerte» del que habló Jesús en Mateo 12:29. Refiriéndose a Satanás y sus demonios,

Jesús dijo: «¿O cómo puede alguien entrar en la casa de un hombre fuerte y saquear sus bienes, si primero no lo ata?». Decía que no se puede rescatar a la gente de las cadenas de la ceguera espiritual ni de la influencia demoníaca a menos que primero se domine a sus captores. El poder de Satanás ya está quebrantado, pero no soltará nada hasta que ejerzamos nuestra autoridad en Cristo.

Cuando oramos contra el hombre fuerte, nos aferramos a quienes por derecho le pertenecen a Dios y los sujetamos con fuerza hasta que Satanás los suelta. Él retendrá a estas personas hasta que exijamos su liberación sobre la base de nuestra autoridad en Cristo. Una vez que se ata a Satanás mediante la oración, debe soltarlas.

Hace varios años, una experiencia personal me enfatizó (a Neil) el poder de la oración al tratar con personas que están en las garras del hombre fuerte. Un hombre llamado Bill vino a mi oficina un domingo por la tarde. Apenas lo conocía y no tenía mucho tiempo para conversar. Sin embargo, estaba preocupado por él, así que comencé:

—Me alegra que estés aquí, Bill. ¿Puedo hacerte una pregunta personal?

Bill asintió.

—¿Alguna vez has confiado en Cristo para que sea tu Señor y Salvador?

—No.

—¿Te gustaría hacerlo?

—No lo sé —respondió Bill con expresión preocupada.

Tomé un tratado de salvación y lo leí con él.

—¿Entiendes esto, Bill?

—Sí.

—¿Te gustaría hacer esa decisión por Cristo ahora mismo?

—Sí.

—Haré una sencilla oración de compromiso, y puedes repetirla después de mí, frase por frase, ¿de acuerdo?

—Está bien.

—Señor Jesús, te necesito —empecé.

—Seño... r...r —comenzó Bill a repetir.

Luego, se contuvo por completo. Me di cuenta de que había invadido el territorio del hombre fuerte, Satanás, y no quería soltar a Bill.

—Bill, se está librando una batalla por ti —le dije—. Voy a leer algunos pasajes bíblicos y a orar en voz alta por ti. Voy a atar al enemigo y pararme firme en su contra. Tan pronto como puedas, solo dile a Jesús lo que crees.

Sus ojos me revelaron que la batalla en su interior estaba intensa.

Empecé a leer las Escrituras y a orar en voz alta cada oración que se me ocurrió para atar a Satanás y liberar a Bill. Después de varios minutos de oración y lectura de las Escrituras, Bill de repente gimió:

—Señor Jesús, te necesito.

Luego se desplomó en su silla como si acabara de pelear diez asaltos con un campeón de peso pesado en artes marciales mixtas.

—Soy libre —dijo mirándome con los ojos llenos de lágrimas.

Nunca había usado la palabra «libertad» con él; esa era su expresión. Sin embargo, era libre y lo sabía.

Dios te ha equipado con todo lo que necesitas para protegerte del ataque del diablo en tu vida. Y también te ha equipado y autorizado para realizar «búsqueda y rescate» en las vidas de quienes están en las garras del hombre fuerte. Mantente firme en la armadura que Dios te ha provisto y da un paso al frente con la autoridad de Cristo para robar la casa del hombre fuerte para Dios.

## ENCUENTRO CON LA VERDAD

### LEE

Efesios 6:10-18

### REFLEXIONA

1. Muchos jóvenes cristianos suelen tener más problemas en su vida después de aceptar a Cristo que antes. ¿Por qué crees que esto puede ser cierto?
2. ¿En cuál de las seis piezas de la armadura de Dios crees que debes concentrarte en tus conflictos espirituales en la casa, la escuela y con los amigos?
3. En medio de un conflicto espiritual, ¿alguna vez has dudado de tu salvación? ¿Por qué es importante entender que tu salvación es una posesión eterna?
4. ¿Cuáles son los dos aspectos de oración de las que se habla en este capítulo? ¿Alguna vez has orado por alguien con respecto a estos aspectos? ¿Cuáles fueron los resultados?

### RESPONDE

Después de leer Efesios 6:10-18, decídete a poner en acción la armadura de Dios. Ora en voz alta mientras revisas cada pieza que ya tienes puesta y mientras te pones cada una de las otras piezas. Además, pídele a Dios que te revele a esas personas que conoces que están cegadas en su incredulidad. Crea una lista de sus nombres a medida que te vengan a la mente, y ora por su salvación cada día.

## SEGUNDA PARTE

# ¡MANTENTE FIRME!

*[Satanás] inventó las herejías y los cismas para minar la fe, pervertir la verdad y romper la unidad. Incapaz de mantenernos en las oscuras formas del error anterior, nos lleva a un nuevo laberinto de engaños. Aleja a los hombres de la iglesia y, justo cuando creen que se han acercado a la luz y escaparon de la noche del mundo, los arroja por sorpresa a una nueva oscuridad. Aunque no se mantienen fieles al evangelio, la disciplina y la ley de Cristo, se llaman a sí mismos cristianos. Aunque caminan en la oscuridad, piensan que están en la luz, a través de los engañosos halagos del adversario que, como dijo el apóstol, se transforma en ángel de luz y enmascare a sus ministros como ministros de justicia. Con astucia, le llaman noche al día [...] a fin de frustrar la verdad por su mentira.*

**CIPRIANO (200-258 D. C.)**

7

# CÓMO AFRONTAR EL MAL

*¿Quién es el que prueba a los espíritus y cómo pueden reconocerse? Nuestro Señor muestra esto en los Evangelios, donde predijo que vendrían espíritus malignos del tipo que Juan había experimentado. Jesús dijo: «Cuidaos de los falsos profetas, que vienen a vosotros con vestidos de ovejas, pero por dentro son lobos rapaces. Por sus frutos los conoceréis. ¿Acaso se recogen uvas de los espinos o higos de los abrojos?». Por lo tanto, estos son los frutos por los cuales los espíritus malignos que hablan por falsos profetas pueden discernirse; los espinos de los cismas y los terribles abrojos de la herejía que hieren a todos los que se les acercan.*

**BEDA (673-735 D. C.)**

Vivimos en un mundo que está bajo la autoridad de un gobernante malvado. En el principio, Dios creó a Adán y su género para gobernar sobre la creación. Sin embargo, Adán renunció a su posición de autoridad por el pecado, y Satanás se convirtió en el poseedor rebelde de la autoridad. Jesús lo llamó «el príncipe de este mundo» (Juan 12:31; 14:30; 16:11).

Satanás gobernó desde Adán hasta la cruz. La muerte, resurrección y ascensión de Cristo aseguraron la autoridad final para siempre para Jesús mismo (Mateo 28:18). Esa autoridad se le dio a todos los creyentes en la Gran Comisión, a fin de que pudiéramos seguir destruyendo la obra del maligno (1 Juan 3:8).

## LA VIDA EN EL TERRITORIO DEL ENEMIGO

Todos nacimos espiritualmente muertos, esclavos del príncipe de este mundo. Sin embargo, cuando recibimos a Cristo, Dios «nos rescató de las tinieblas satánicas y nos trasladó al reino de su Hijo amado» (Colosenses 1:13, LBD). Ahora somos ciudadanos de un lugar diferente. Satanás todavía gobierna este mundo, pero ya no es nuestro gobernante, pues Jesús es nuestro Señor.

Aun así, mientras permanezcamos en el planeta tierra, seguiremos en el territorio de Satanás. Intentará engañarnos haciéndonos creer que todavía estamos bajo su autoridad y tratará de gobernar nuestras vidas. ¿Quién puede protegernos de este malvado tirano? Solo Cristo. No solo Cristo nos ha proporcionado protección, sino que en Él tenemos autoridad sobre el reino de las tinieblas. Además de eso, tenemos al Espíritu Santo morando en nosotros. Él es el Espíritu de verdad y será nuestro Guía a toda verdad (Juan 14:17; 16:13).

### ¿Hasta qué punto somos vulnerables?

Estamos seguros en Cristo y tenemos toda la armadura protectora que podamos necesitar. A pesar de eso, todavía somos vulnerables a las acusaciones, tentaciones y los engaños de Satanás (consulta la ilustración #2). Sabemos esto porque Dios nos dijo que nos pongamos su armadura, ¿y por qué necesitaríamos la armadura a menos que Satanás pudiera llegar hasta nosotros si no la tenemos puesta?

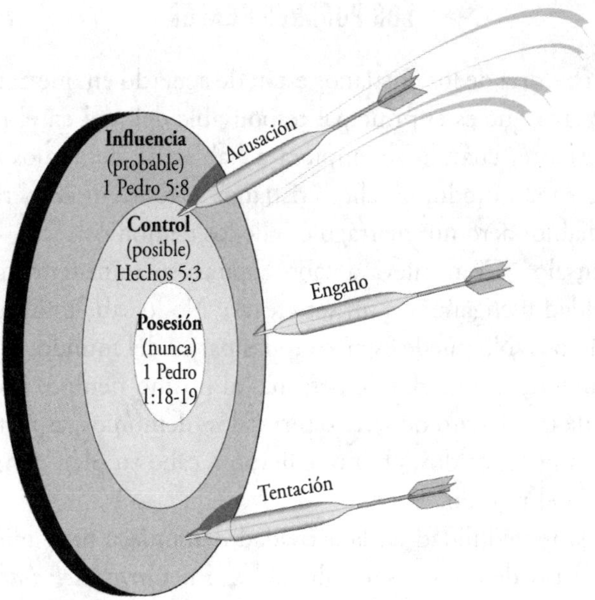


Ilustración #2

Es probable que el diablo influya de alguna manera en cada creyente. Puede obtener algún tipo de control sobre nosotros si logra engañarnos para que creamos sus mentiras. Hemos visto a muchos cristianos jóvenes que casi están parados en seco por el engaño de Satanás. Se encuentran tan oprimidos que parece que no pueden tomar las decisiones adecuadas y vivir una vida responsable. Aunque lo cierto es que pueden tomar decisiones, no creen que puedan hacerlo, y por eso no las toman.

Sin embargo, nuestra *propiedad* nunca está en juego. Pertenecemos a Dios para siempre, y el maligno nunca podrá tocar lo que somos en Cristo. Siempre estamos «poseídos por el Espíritu Santo». Aun así, mientras vivamos en nuestros cuerpos naturales aquí en el territorio del diablo, somos el blanco de las flechas encendidas de Satanás. Esta es la realidad. No podemos meter la cabeza en la arena como el avestruz, pues si lo hacemos, dejaremos expuesto un blanco increíblemente vulnerable.

## LOS PODERES REALES

La mayoría de los cristianos están de acuerdo en que Satanás es un ser vivo que es el principal responsable del mal en el mundo. No obstante, cuando se empieza a hablar de demonios vivos y activos en el mundo, muchos cristianos se resisten: «Espera. Creo en el diablo, pero no me trago eso de los demonios».

Piénsalo: ¿Cómo lleva a cabo Satanás su ministerio mundial de maldad y engaño? Es un ser creado. No lo sabe todo ni es todopoderoso. No puede estar en todas partes del mundo, tentando y engañando a millones de personas al mismo tiempo. Lo hace a través de un ejército de seres espirituales (demonios, espíritus malignos, ángeles caídos, etc.) que llevan a cabo su plan de rebelión por todo el mundo.

Ni la incredulidad en la actividad demoníaca ni el miedo excesivo a los demonios son saludables. En *Cartas del diablo a su sobrino*, C.S. Lewis escribió: «[Hay] dos errores iguales y de signo opuesto. Uno consiste en no creer en su existencia. El otro, en creer en los diablos y sentir por ellos un interés excesivo y malsano. Los diablos se sienten igualmente halagados por ambos errores, y acogen con idéntico entusiasmo a un materialista que a un hechicero»*.

Tal vez la mejor descripción del malvado ejército espiritual que acosa al pueblo de Dios se encuentra en Efesios 6:12: «Nuestra lucha no es contra sangre y carne, sino contra principados, contra potestades, contra los poderes de este mundo de tinieblas, contra las huestes espirituales de maldad en las regiones celestiales». De los versículos que rodean a Efesios 6:12 se desprende con claridad que los principados, potestades y poderes que se nos oponen son seres espirituales en el mundo espiritual.

Hemos sido el blanco de los demonios en numerosas ocasiones. Sin embargo, no es una experiencia aterradora para nosotros

* C.S. Lewis, *Cartas del diablo a su sobrino*, Editorial Rayo, Nueva York, 2014, p. 9.

y no debería serlo para ti. Juan declaró: «Mayor es el que está en vosotros que el que está en el mundo» (1 Juan 4:4). Tienes autoridad sobre la actividad de Satanás y tienes la armadura de Dios para protegerte. Siempre que Satanás ataque, debes fortalecerte «en el Señor y en el poder de su fuerza» (Efesios 6:10). Ponte de manera consciente en las manos del Señor y resiste a Satanás hablando la Palabra de Dios. Solo estás abierto a las flechas del diablo cuando caminas por vista en lugar de por fe o caminas en la carne en lugar de en el Espíritu.

¿Qué debemos hacer respecto a la jerarquía de poderes demoníacos de Satanás? ¡Nada! No debemos centrarnos en los demonios; debemos centrarnos en Dios y en el ministerio. Debemos fijar nuestros ojos en Jesús, predicar el evangelio, amarnos los unos a los otros y ser embajadores de Dios en nuestro mundo caído.

## LA PERSONALIDAD DE LOS DEMONIOS

La Biblia no intenta probar la existencia de los demonios más de lo que intenta probar la existencia de Dios. Solo informa sobre sus actividades como si sus lectores aceptaran su existencia. Los líderes de la iglesia primitiva tampoco tenían problemas con la realidad y la personalidad de los demonios (es decir, la existencia de los demonios como seres personales).

Lucas 11:24-26 nos ofrece una visión útil del carácter de los espíritus malignos. Después que Jesús expulsó un demonio que dejó a un hombre incapaz de hablar, sus enemigos lo acusaron de echar fuera demonios por el poder de «Beelzebú, príncipe de los demonios» (Lucas 11:15). Durante la discusión que siguió sobre los demonios, Jesús dijo:

> Cuando el espíritu inmundo sale del hombre, pasa por lugares áridos buscando descanso; y al no hallarlo, dice: «Volveré a mi casa de donde salí». Y cuando llega, la encuentra barrida y arreglada. Entonces va y toma consigo otros siete espíritus peores que él, y

> entrando, moran allí; y el estado final de aquel hombre resulta peor que el primero (versículos 24-26).

De este pasaje podemos aprender varias cosas sobre los espíritus malignos.

1. *Los demonios pueden existir fuera o dentro de los humanos.* Los demonios parecen querer un hogar en un ser vivo. Una vez, un grupo de ellos le pidió a Jesús que los enviara a una piara de cerdos (Marcos 5:12). Al parecer, algunos espíritus permanecen en ciertos lugares geográficos que se han utilizado con fines satánicos. Satanás y los demonios son espíritus. Para gobernar en el mundo físico, necesitan súbditos dispuestos a cumplir sus órdenes. Las personas engañadas hacen, en realidad, la obra de Satanás. Dios también es espíritu (Juan 4:24), y Él cumple su voluntad en el planeta tierra obrando a través de la iglesia, su pueblo.

2. *Los demonios pueden viajar a voluntad.* Como seres espirituales, los demonios no están sujetos a las barreras del mundo natural. Las paredes del edificio de tu iglesia no la protegen de la influencia demoníaca; solo la oración y la autoridad espiritual pueden hacer eso.

3. *Los demonios son capaces de comunicarse.* De Lucas 11 se desprende con claridad que los espíritus malignos pueden comunicarse entre sí. También pueden hablar con los humanos a través de una persona, como lo hicieron a través del endemoniado en Marcos 5:1-20.

4. *Cada demonio tiene una identidad propia.* Observa el uso de pronombres personales en Lucas 11: «Volveré a mi casa de donde salí» (versículo 24). Estamos tratando con personalidades pensantes, no solo con una fuerza. Por eso es que los métodos mundanos de investigación no revelarán la existencia de espíritus malignos. Solo la Biblia es nuestra fuente sobre su realidad y personalidad.

5. *Los demonios son capaces de recordar y hacer planes.* El hecho de que los demonios puedan salir de un lugar, regresar, recordar lo que sucedió antes y planear el reingreso con otros, demuestra su capacidad para pensar y planear.

6. *Los demonios son capaces de evaluar situaciones y tomar decisiones.* El hecho de que el espíritu maligno encontró a su finalidad humana «barrida y arreglada» (versículo 25) muestra que un demonio puede evaluar a su víctima prevista. Los demonios acceden a nuestras vidas a través de nuestros puntos débiles.

7. *Los demonios son capaces de combinar sus fuerzas.* En Lucas 11, un espíritu se unió a un grupo de otros siete, empeorando mucho las cosas para la víctima. En Marcos 5, tantos demonios se confabularon contra un hombre que se hizo llamar «Legión» (versículo 9), que se refiere a un gran grupo de soldados.

8. *Los demonios varían en grados de maldad.* El primer demonio en Lucas 11 trajo otros siete espíritus «peores que él» (versículo 26). Jesús indicó una diferencia en la maldad de los espíritus cuando dijo de uno: «Esta clase con nada puede salir, sino con oración» (Marcos 9:29). La idea de diferencias en poder y maldad se ajusta a los niveles que Pablo enumera en Efesios 6:12.

No necesitas temerle a Satanás y sus demonios mientras te aferres a la verdad de Dios. Si continúas caminando en la luz, no tendrás que temerle a las tinieblas.

## LIDIEMOS CON EL MAL QUE NOS RODEA

¿Cómo interfieren estos espíritus malignos con nuestras vidas? He aquí una ilustración sencilla. Imagínate que estás parado en un extremo de una calle larga y estrecha bordeada a ambos lados de casas de dos pisos. En el otro extremo de la calle se encuentra Jesucristo. Tu vida cristiana es el proceso de caminar por esa larga calle de madurez en Él. En la calle, no hay nada en absoluto que pueda impedirte llegar a Jesús. Así que cuando recibes a Cristo, fijas tus ojos en Él y comienzas a caminar.

No obstante, como este mundo sigue bajo el control de Satanás, las hileras de casas a ambos lados de la calle están llenas de seres empeñados en impedir que alcances tu meta. No tienen poder ni autoridad para bloquear tu camino, ni siquiera para frenar tu paso. Entonces, se asoman a las ventanas y te llaman, con la esperanza de desviar tu atención de tu objetivo e interrumpir tu progreso.

Una de las formas en que intentarán distraerte es gritándote: «¡Oye, mira hacia aquí! Tengo algo que quieres de veras. Sabe bien, se siente bien y es mucho más divertido que un aburrido paseo por la calle. Entra y echa un vistazo». Eso es tentación: sugerirle a tu mente maneras de servirte a ti mismo en lugar de servir a Dios. Hablaremos más sobre la tentación en el capítulo 9.

A medida que continúas tu camino hacia Cristo, también tendrás pensamientos como: «Soy tonto. Soy feo. Nunca llegaré a nada para Dios». Los demonios de Satanás son maestros en la acusación, en especial después de haberte distraído a través de la tentación. En un momento dicen: «Prueba esto; no tiene nada de malo». Luego, cuando cedes a la tentación, están ahí burlándose: «¡Mira lo que hiciste! ¿Cómo puedes llamarte cristiano cuando te comportas así?». La acusación es una de las principales armas de Satanás en su intento de distraernos de nuestro objetivo. Hablaremos de su estrategia de acusación en el capítulo 10.

Otros mensajes que te lanzan mientras caminas por la calle son algo así: «No tienes que ir al grupo de jóvenes hoy. No es importante que ores y leas la Biblia todos los días. Esta cosa demoníaca no es real; solo es mental». Eso es engaño y es el arma más poderosa y paralizante de Satanás.

El diablo a menudo presentará estos mensajes como si los pensáramos: «*Yo* no necesito ir al grupo de jóvenes hoy, orar, leer mi Biblia», etc. Satanás sabe que nos engañará con más facilidad si puede hacernos creer que el pensamiento era nuestro en lugar de suyo. Analizaremos la estrategia de engaño de Satanás en el capítulo 11.

¿Cuál es el objetivo del enemigo al hacer que sus demonios se burlen de ti, se mofen de ti, te atraigan y te interroguen desde las ventanas y las puertas a lo largo de tu camino? Quiere que reduzcas la velocidad, que te detengas, que te sientes y, si es posible, que abandones tu camino hacia Cristo. Quiere influir en ti para que dudes de tu capacidad de creer y servir a Dios. Recuerda: El diablo no tiene ningún poder ni autoridad en absoluto para impedirte avanzar constantemente en tu caminar hacia Cristo. Y nunca más podrá poseerte, pues Jesucristo te redimió y estás para siempre en Él (1 Pedro 1:18-19).

En cambio, si puede lograr que escuches los pensamientos que planta en tu mente, puede influir en ti. Y si le permites que influya en ti durante suficiente tiempo mediante la tentación, la acusación y el engaño, puede detener tu progreso. Hablaremos más sobre cuánto puede influir el diablo en un cristiano en el capítulo 12.

## Niveles de esclavitud

Hay varios niveles de libertad y esclavitud espirituales. Por un lado está el apóstol Pablo, cuya vida y ministerio cristianos fueron un gran ejemplo a pesar de su batalla contra el pecado y Satanás (Romanos 7:15-25; 2 Corintios 12:7-9). Del otro lado está el hombre llamado Legión, que estaba totalmente controlado por demonios (Marcos 5:1-20).

Nadie pierde el control ante Satanás de la noche a la mañana; es un proceso gradual de ser engañado y ceder a su influencia sutil. Por lo que hemos visto, no más del quince por ciento de todos los jóvenes cristianos están libres por completo de la esclavitud de Satanás. Estos son los jóvenes que constantemente viven una vida llena del Espíritu y dan fruto. Los demás luchan en uno de los tres niveles de conflicto espiritual.

En primer lugar, un creyente puede llevar una vida cristiana bastante normal en el exterior mientras lucha con un flujo constante de pensamientos pecaminosos en el interior: lujuria, envidia, codicia, odio, apatía, etc. Esta persona casi no tiene vida devocional. La oración es una experiencia que le resulta frustrante y, por lo general, le cuesta llevarse bien con familiares y amigos.

La mayoría de los cristianos en esta condición no tienen idea de que están en medio de un conflicto espiritual. Puede que no digan que escuchan voces, pero enseguida admitirían que tienen problemas para controlar sus pensamientos. En lugar de reconocer que las flechas encendidas del enemigo están acribillando a sus mentes, piensan que el problema es culpa suya. Se preguntan: *Si esos malos pensamientos son míos, ¿qué clase de persona soy?* Terminan condenándose a sí mismos mientras el enemigo continúa su ataque. Una gran cantidad de cristianos vive en este nivel de conflicto espiritual.

El segundo nivel de conflicto se muestra en los creyentes que ven una diferencia entre sus propios pensamientos y las «voces» extrañas y malignas que parecen dominarlos. Cuando ideas, pensamientos y fantasías pecaminosas inundan sus mentes, se preguntan alarmados: ¿Qué estoy pensando? No experimentan ninguna victoria y tienen tanto miedo de volverse locos que no le cuentan su problema a nadie.

Sin embargo, la mayoría de los cristianos en este nivel tampoco ven su lucha como un conflicto espiritual. Buscan consejería y tratan de controlar sus pensamientos, pero experimentan poca o ninguna mejoría. Casi todas estas personas están deprimidas, ansiosas, paranoicas, amargadas o enojadas, y pueden ser adictas al alcohol, las drogas, los trastornos alimenticios, etc.

En el tercer nivel de conflicto, la persona ha perdido todo el control. Voces dentro de su mente le dicen qué pensar, decir y hacer. Estas personas se quedan en casa, deambulan por las calles hablando con personas imaginarias u ocupan camas en instituciones psiquiátricas o unidades de rehabilitación. Lo lamentable es que un número pequeño, pero significativo, de cristianos es víctima de este nivel de engaño y control.

## Solo di no

Hay tres maneras de responder a las tentaciones, acusaciones y engaños que los demonios nos lanzan durante nuestro caminar diario con Cristo, y dos de estas maneras son erróneas.

En primer lugar, los jóvenes más derrotados son esos que escuchan pensamientos demoníacos y los creen. Un espíritu maligno les susurra: «No oras, ni lees la Biblia, ni testificas como deberías.

¿Cómo Dios podría amarte?». Esa es una gran mentira, pues el amor de Dios es incondicional. Sin embargo, empiezan a pensar en sus fracasos y a aceptar que tal vez no sean muy amables desde el punto de vista de Dios. Muy pronto están sentados en medio de la calle sin ir a ninguna parte.

Estos cristianos están derrotados por completo solo porque los engañaron al hacerles creer que Dios no los ama, o que nunca serán cristianos victoriosos, o que son víctimas indefensas del pasado. No hay ninguna razón por la que no puedan levantarse de inmediato y empezar a caminar de nuevo, pero creyeron una mentira, así que no van a ninguna parte.

La segunda respuesta es igual de inútil. Intentamos discutir con los demonios: «No soy feo ni tonto. Soy un cristiano victorioso». Estamos orgullosos de no creer lo que dicen, pero siguen diciéndonos lo que tenemos que pensar y hacer. Estamos parados en medio de la calle gritándoles cuándo deberíamos seguir adelante.

Sin embargo, no importa si esos pensamientos mentirosos provienen de los demonios, de la carne o del mundo. Obedecemos a Cristo y llevamos cautivo todo pensamiento. Dios no nos pidió que nos deshiciésemos de la oscuridad; nos pidió que encendiéramos la luz.

Traté (Neil) con una joven que se detuvo en seco al tratar de luchar contra pensamientos demoníacos negativos. Después que pudo resolver sus conflictos y obtener su libertad en Cristo, me escribió esta carta:

> Lo que descubrí la semana pasada es esta sensación de control. Como si mi mente fuera mía. No me he sentado y tenido estos prolongados períodos de pensamiento y contemplación, es decir, conversaciones conmigo misma. Mi mente se siente tranquila. En realidad, es una sensación extraña. Mis emociones se han mantenido estables. No me he sentido deprimida ni una sola vez esta semana.

> Por primera vez, creo que entiendo de veras lo que significa ser cristiana, quién es Cristo y quién soy yo en Él. Me siento capaz de ayudar a la gente y capaz de valerme por mí misma. Supongo que estoy describiendo lo que es estar en paz. Siento esta tranquila y suave alegría en mi corazón. Gracias por prestarme tu esperanza. Creo que ahora tengo la mía en Cristo.

Esta mujer hizo el tercer tipo de respuesta a los pensamientos demoníacos, que es esta: Vencemos al mundo, a la carne y al diablo al elegir la verdad. No debemos creer a los espíritus malignos ni hablar con ellos. En cambio, la respuesta adecuada es ignorarlos. Estamos equipados con la armadura de Dios; los poderes malignos no pueden tocarnos a menos que bajemos la guardia. Con cada flecha de tentación, acusación o engaño que nos lancen, solo levantamos el escudo de la fe, desviamos el ataque y seguimos adelante (Colosenses 2:6). Lleva cautivo todo pensamiento a la obediencia a Cristo. Elige la verdad frente a cada mentira. Al hacerlo, encontrarás que tu madurez y libertad aumentan con cada paso.

## ENCUENTRO CON LA VERDAD

### LEE

Efesios 6:12; Lucas 11:24-26

### REFLEXIONA

1. ¿Cómo se imaginan los jóvenes a Satanás y a los demonios? ¿Cree la mayoría de los jóvenes que Satanás y los demonios existen? ¿Tú qué crees?
2. ¿Pueden los espíritus malignos poner pensamientos tentadores en nuestra mente? ¿Cuáles son algunas de las formas en que somos tentados o distraídos de seguir a Cristo?
3. ¿Cuáles son algunos de los pensamientos engañosos o acusadores que Satanás puede usar contra nosotros? ¿Qué engaños ha puesto en tu mente?
4. ¿Es posible que Satanás obtenga control sobre un creyente? ¿Qué debemos hacer para detener la influencia de Satanás en nuestra vida?

### RESPONDE

En ninguna parte de la Biblia se nos dice que les temamos a los espíritus malignos ni a Satanás. Ora y reclama la protección y la autoridad que tienes en Cristo. Agradécele a Dios que Satanás y sus malvados seguidores se derrotaron mediante la muerte, sepultura y resurrección de Cristo. Ora en voz alta todos los días: «Por el poder y la sangre del Señor Jesucristo, le ordeno a todo mal que salga de mi presencia». Luego, pregúntale a Cristo qué planeó para ti hoy.

8

# LA SEDUCCIÓN DEL CONOCIMIENTO Y DEL PODER

*Como ya sugerimos, apenas hay un ser humano desatendido por un demonio. Y es bien sabido por muchos que las muertes prematuras y violentas (que los hombres atribuyen a los accidentes) las provocan los demonios [...] Puesto que en casos de exorcismos, [los espíritus malignos] a veces afirman ser uno de los familiares de las personas poseídas por él [...] La situación es similar en el otro tipo de hechicería que se supone que trae del Hades a las almas que ahora descansan allí.*

TERTULIANO (160-220 D. C.)

¿Cómo es que los jóvenes quedan atrapados en las arenas movedizas del control de Satanás? ¿Cuáles son algunas de las trampas que el diablo nos ha tendido para impedirnos la libertad que es nuestra en Cristo?

Una de sus principales trampas es su apelación al deseo humano de conocimiento y poder espiritual. Anhelamos un conocimiento secreto que casi nunca está al alcance de la persona común y corriente. Queremos experimentar un poder que sea de origen espiritual y sobrenatural. Satanás lo sabe. Por eso es que la mayoría de los grupos y actividades ocultistas prometen información o poder secreto o especial al que muchas personas encuentran difícil resistirse.

En cierto sentido, el deseo de conocimiento y poder es un don de Dios. En cambio, está destinado a satisfacerse por el conocimiento y el poder que provienen de Él. Sin embargo, Satanás está ocupado tratando de hacer pasar sus falsificaciones del conocimiento y del poder de Dios como si fueran reales. Si puede lograr que aceptes sus versiones de conocimiento y poder, tiene una puerta abierta a tu vida.

La atracción del conocimiento y el poder satánicos no es nada nuevo. Al pueblo de Dios se le ha advertido en contra de esto desde los primeros tiempos. Justo antes de que la nación de Israel entrara en Canaán, la Tierra Prometida, Moisés les ordenó:

> Tendrás especial cuidado de no dejarte llevar por las costumbres corrompidas de las naciones que ahora viven allí. Por ejemplo, cualquier israelita que presente su hijo para quemarlo en sacrificio a un dios pagano, debe ser muerto. Ningún israelita deberá practicar la magia negra, la invocación de espíritus, la adivinación, ni el encantamiento, la hechicería ni ningún tipo de espiritismo. Cualquiera que haga estas cosas será abominable delante de Jehová, pues es por esta causa que Jehová echa de esta tierra a los pueblos que la habitan. Deberás andar en forma perfecta delante de Jehová tu Dios (Deuteronomio 18:9-13, LBD).

Este mandato es tan viable para nosotros hoy como lo fue para los israelitas bajo el liderazgo de Moisés. Vivimos en una Canaán contemporánea, donde es socialmente aceptable consultar a espiritistas, médiums, quirománticos, consejeros psíquicos y horóscopos en busca de orientación y conocimiento esotérico. Lo lamentable es que esto también es cierto entre los cristianos. Durante una de nuestras encuestas a estudiantes, les preguntamos a

1725 adolescentes cristianos comprometidos sobre su actividad en el ocultismo y descubrimos lo siguiente*:

| **Actividad ocultista** | *Número de estudiantes involucrados* |
|---|---|
| Proyección astral | 44 |
| Levitación de mesas | 149 |
| Adivinación | 180 |
| Astrología | 321 |
| Cristales o pirámides | 72 |
| Tabla güija | 416 |
| Escritura automática | 35 |
| Cartas del tarot | 99 |
| Quiromancia | 192 |
| Espíritus guías | 37 |
| Pacto de sangre | 100 |
| *Número total de estudiantes involucrados en actividades ocultistas* | 861 |
| *Total de no involucrados* | 864 |
| *Número total de encuestados* | 1725 |

Ilustración #3

Casi el cincuenta por ciento de estos adolescentes cristianos indicó algún tipo de participación, ¡y eso fue antes de los iPhones, el sexteo e internet! Lo lamentable es que casi todas estas actividades

*Neil Anderson y Steve Russo, *La seducción de nuestros hijos*, Editorial Unilit, Miami, FL, 1998, pp. 34, 39 (del original en inglés). El número de participaciones por actividad fue superior a 861, pues algunos estudiantes participaron en más de una actividad.

ocultistas están ahora accesibles a través de la tienda de aplicaciones. Nunca preguntamos acerca de la brujería ni la hechicería, que Moisés también menciona en Deuteronomio 18. Queríamos realizar una nueva investigación y compararla con nuestros resultados de hace treinta años, pero la mayoría de las iglesias y escuelas a las que contactamos no estaban interesadas. La sensación que tuvimos fue que muchos no querían exponer nuevos problemas o desafíos. Sin embargo, es imperativo que comprendamos lo que sucede de veras en la vida de los jóvenes. Nunca debemos tenerles miedo a los diagnósticos espirituales, sobre todo debido a que en Cristo disponemos de una verdadera libertad.

Algunos chicos argumentan: «Pero esto resulta de verdad. Mi horóscopo acierta la mayoría de las veces». La cuestión no es si da resultados o no, sino si es adecuado o no. Según Dios, eso no está bien y *no* deberíamos perder el tiempo con eso.

El lado más oscuro de las versiones satánicas del conocimiento y poder espiritual mencionadas por Moisés (sacrificio de animales, brujería, hechicería) también está prosperando en nuestra cultura, aunque no de manera tan abierta. A algunos todavía les cuesta creer que jóvenes y mayores adoren a Satanás en realidad. En cambio, los departamentos de policía están tratando de decirles a tus padres: «¡Despierten! A nuestros hijos no solo les gustan las drogas y el sexo ilícito. Les gusta el *satanismo*. Hemos visto la sangre y los animales mutilados». La situación está tan mal que una de las agencias de control de animales de nuestra zona ya no suelta a un perro o gato negro por miedo a que sea víctima de abusos satánicos.

Cada acto impensable en el que Moisés le advirtió a Israel que no se involucrara, desde los horóscopos hasta los sacrificios de animales y humanos, está vigente y operando en nuestra cultura hoy. Y todos tienen su raíz en el engaño de Satanás.

## CONOCIMIENTO DEL LADO OSCURO

Muchos adolescentes de hoy anhelan conocimientos «ocultos» adicionales sobre la vida. No quieren escuchar lo que Dios tiene que decir. Quieren información y dirección de alguien que «sabe»: un psíquico, un canalizador, un quiromántico, un lector de cartas, o el espíritu de un amigo o pariente muerto.

La Biblia es muy clara acerca de buscar conocimiento y dirección de alguien que no sea Dios:

> No os volváis a los médium ni a los espiritistas, ni los busquéis para ser contaminados por ellos [...]. En cuanto a la persona que vaya a los médium o a los espiritistas, para prostituirse en pos de ellos, también pondré mi rostro contra esa persona y la cortaré de entre su pueblo [...]. Si hay médium o espiritista entre ellos, hombre o mujer, ciertamente han de morir (Levítico 19:31; 20:6, 27).

En nuestro país, estamos lo más lejos posible de obedecer esa orden. Tenemos personas que canalizan en pódcasts y aplicaciones, y se les considera celebridades. Con solo tu teléfono, puede tener una lectura psíquica, encontrar libros de ocultismo o unirte a una red social de ocultismo basada en cartas del tarot, cristales y piedras, magia y artes oscuras. ¿Por qué querríamos un guía espiritual mentiroso, cuando podemos tener al Espíritu Santo como nuestro guía?

## Médiums: falsos y reales

¿De dónde obtienen los médiums y los espiritistas sus informaciones y conocimientos «sorprendentes»? Muchos están bajo la influencia de los demonios, pero gran parte de lo que se llama espiritismo o actividad psíquica no es más que un ingenioso truco humano. Estos llamados espiritistas dan lo que se conoce como «lecturas en frío». Acudes a ellos en busca de consejo o dirección, y te hacen algunas preguntas sencillas. Basándose en las respuestas que les das, hacen observaciones generales que tal vez sean ciertas para la mayoría de las personas en tu situación. Sin embargo, estás tan impresionado por la exactitud de sus «revelaciones» que empiezas a darles todo tipo de detalles que pueden incluir en su «lectura». Esto no es demoníaco; solo es un truco de magia mental y verbal.

Los médiums y espiritistas contra los que Dios advirtió en Levítico y Deuteronomio no eran estafadores, sino personas que poseían y transmitían conocimientos que no provenían de una simple observación inteligente. Tales personas se han abierto al mundo de los espíritus y se han convertido en canales de conocimiento de Satanás. Al farsante con sus lecturas en frío solo le interesa quitarte tu dinero. En cambio, la dirección y el conocimiento falsos que provienen de Satanás a través de un médium tienen como objetivo robarte tu victoria y libertad espirituales.

Hay mucho dinero en estas operaciones psíquico-estafadoras, y gran cantidad de aplicaciones lo están recaudando. Muchas personas anhelan saber algo más sobre sus vidas y su futuro, y pagarán bien si creen que alguien puede darles la información privilegiada que desean.

## El lado negativo de buscar la oscuridad

El Antiguo Testamento está lleno de ejemplos de reyes, falsos profetas y médiums que lideraron a la nación de Israel a rebelarse contra Dios. Uno de los casos más conocidos fue el del primer rey de Israel. Saúl comenzó bien buscando la dirección de Dios y Samuel lo nombró rey de Israel (1 Samuel 10). Además, sirvió bien hasta su rebelión contra la voluntad de Dios (1 Samuel 15), un pecado que Dios dice que es igual al pecado de hechicería (versículo 23, NTV).

¿Por qué Saúl pecó y rechazó la palabra del Señor? Porque le temió más a la voz del pueblo que a la voz de Dios, un problema con el que luchan demasiadas personas en nuestro mundo actual. El problema de la rebelión es el peor problema del mundo.

Aunque Saúl se arrepintió de haber pecado (¡o al menos se arrepintió de que lo descubrieran!), no hay evidencia que sugiera que le diera la espalda de veras a sus caminos pecaminosos. Como muchas personas que desobedecen a Dios, intentó enmendar su error.

Sin embargo, ya era demasiado tarde, y «el Espíritu del Señor se apartó de Saúl, y un espíritu malo de parte del Señor le atormentaba» (1 Samuel 16:14).

Este es un pasaje difícil por dos razones. Primero, parece decir que una persona puede perder el Espíritu Santo por un acto de desobediencia. Aun así, debemos entender que el Espíritu Santo en el Antiguo Testamento solo venía a ciertas personas en ciertos momentos para ciertas tareas. Este equipamiento único no es lo mismo que la relación personal con Dios a través del Espíritu que disfrutamos como sus hijos hoy en día.

Después de la cruz, la Iglesia se identifica por ser morada permanente del Espíritu Santo (Efesios 1:13-14). Jesús prometió que nadie nos arrebatará de su mano (Juan 10:28), y Pablo nos aseguró que nada, ni siquiera la desobediencia, puede separarnos del amor de Dios (Romanos 8:35-39). Estamos seguros en Cristo y el Espíritu de Cristo mora en nosotros a través de la fe en la obra de Cristo en la cruz. El Espíritu Santo no va y viene en respuesta a nuestra obediencia o desobediencia.

El segundo problema tiene que ver con la preocupante idea de que un espíritu maligno podría venir del Señor. Sin embargo, debemos recordar que Dios es supremo, y puede usar a Satanás y sus demonios como medio para disciplinar a su pueblo, como lo hizo con Saúl. Esto no es diferente de que Dios use una nación impía como Asiria como la «vara de mi ira» para disciplinar a su pueblo (Isaías 10:5-6). Dios es Dios, y puede usar demonios para cumplir su voluntad si Él lo quiere así.

Incluso a la iglesia se le permite entregar a un miembro inmoral a Satanás «como castigo [...], con la esperanza de que su alma se salve cuando nuestro Señor Jesucristo regrese» (1 Corintios 5:5, LBD). ¿Por qué? Para que el mundo y su príncipe, el diablo, puedan hacer algo con esa persona con el fin de provocar un cambio real.

Cada vez que el espíritu malo se apoderaba de Saúl, David tocaba su arpa y el espíritu malo se apartaba (1 Samuel 16:23). ¡Qué tontos somos cuando se trata de comprender la importancia bíblica de la música en el ámbito espiritual! Durante el reinado de

David, se asignaron más de cuatro mil músicos para cantar en el templo día y noche (1 Crónicas 9:33; 23:5). La característica de los cristianos llenos del Espíritu es cantar y alabar en sus corazones al Señor y hablar entre sí con salmos, himnos y cantos espirituales (Efesios 5:18-20).

En el otro lado de la verdad, encontramos el poder destructivo de cierta música secular. El satanista a quien guie (Neil) hacia el Señor me mostró numerosos símbolos en álbumes de discos populares que identifican la asociación de los grupos con el satanismo. Me dijo que alrededor del ochenta y cinco por ciento de los grupos de música *heavy metal* y *punk* de hoy en día son «propiedad» de los satanistas. Sin saberlo, se han vendido al satanismo a cambio de fama y fortuna. Pocos de estos artistas practican de veras el satanismo, pero la mayoría se pierde de manera irremediable y extravían a otros a través del mensaje impío en su música.

Tras la muerte del profeta Samuel, el retorcido deseo de Saúl por el conocimiento espiritual lo llevó a buscar la guía de una médium: la hechicera de Endor. Saúl acudió disfrazado a la hechicera y la persuadió para que invocara el espíritu del muerto Samuel (1 Samuel 28:8-19). Sin embargo, el plan le salió mal cuando Dios permitió que el propio Samuel regresara, aterrorizando a la hechicera. El mensaje de Samuel a Saúl no fue más que malas noticias. Dijo que los filisteos derrotarían a Israel, y que morirían Saúl y sus hijos (versículo 19). Sucedió tal como dijo Samuel.

Dios prohíbe de manera expresa comunicarse con los muertos (Isaías 8:19-20), y la historia del hombre rico y Lázaro enseña la imposibilidad actual de comunicarse con los muertos (Lucas 16:19-31). Cuando un psíquico afirma que se ha puesto en contacto con los muertos, no lo creas. Cuando un psicólogo afirma haber llevado a un cliente de vuelta a una vida anterior a través de la hipnosis, no lo creas. Cuando un médium de la Nueva Era informa haber canalizado a una persona del pasado hacia el presente, date cuenta de que esto no es más que obra de un demonio o el truco de un estafador.

## Una vieja idea con ropa nueva

La sed de conocimiento y poder ha llevado a muchos adolescentes a buscar la guía de médiums y espiritistas a través de aplicaciones telefónicas ocultistas como la adivinación, las cartas del tarot, la quiromancia, la tabla güija, la astrología, los encantamientos mágicos y la escritura automática. Elías se lamentó: «¿No hay acaso Dios en Israel para que vayáis a consultar a Baal-zebub [Satanás]?» (2 Reyes 1:3). Los jóvenes que nos rodean están ignorando al Dios que promete amarlos y guiarlos, y en su lugar buscan luz y paz en el reino de las tinieblas.

No te dejes llevar por la perspectiva de conocimiento y poder que está alejando de Dios a tantos jóvenes de nuestra cultura. Los que buscan conocimiento y poder separados de Dios, interferirán en gran medida con la obra de Dios, engañando a muchos mediante las fuerzas falsas que emplean. Otras personas tendrán tanta sed de poder que incluso sacrificarán a sus propios hijos a los demonios (Salmo 106:36-38). Podemos verificar de primera mano, por nuestra experiencia como consejeros, que este tipo de cosas están sucediendo hoy en día.

Dejemos que estas tristes palabras de la Biblia nos recuerden que hasta a los creyentes los pueden alejar del conocimiento y del poder de Dios. Y que nos animen a buscar el conocimiento y el poder solo en Dios:

> Israel pronto engordó y se volvió rebelde; ¡el pueblo aumentó de peso, se puso gordo y relleno! Entonces abandonó a Dios, quien lo había creado; burló de la Roca de su salvación. Lo provocó a celos al rendir culto a dioses ajenos; lo enfureció con sus actos detestables. Ofreció sacrificios a demonios, los cuales no son Dios, a dioses que no conocían, a dioses nuevos y recientes, a dioses que sus antepasados jamás temieron. Descuidaste la Roca que te engendró; te olvidaste del Dios que te dio la vida (Deuteronomio 32:15-18, NTV).

## ENCUENTRO CON LA VERDAD

### LEE

Deuteronomio 18:9-13; 1 Samuel 15:23;
2 Crónicas 20:20-22

### REFLEXIONA

1. ¿Por qué debemos tener cuidado de no involucrarnos con médiums, espiritistas o aplicaciones ocultistas? ¿Cuáles son algunos de los posibles efectos secundarios que podrían producirse si alguien se abriera a este tipo de actividad sectaria?
2. ¿Por qué la rebelión es como el pecado de adivinación o brujería? ¿Cómo se relaciona la rebelión con la arrogancia?
3. ¿Cómo se utilizaba la música en la adoración a Dios en los tiempos del Antiguo Testamento? ¿Por qué debemos seleccionar cuidadosamente la música que escuchamos?
4. ¿Qué tipo de enseñanzas o prácticas del espiritismo ves en tu escuela? ¿En línea? ¿En las redes sociales? ¿Cómo puedes evitar ser arrastrado por el pensamiento espiritista en nuestro mundo actual?

### RESPONDE

Uno de los grandes peligros a los que nos enfrentamos es nuestra curiosidad por las prácticas ocultistas. Dios nos advierte que debemos tener cuidado con el atractivo del conocimiento y el poder satánicos. Ora y pídele a Dios que te ayude a cortar tu ansia de conocimiento o poder oculto. Pídele a Dios que te revele las prácticas en las que has estado involucrado, a fin de que puedas confesarlas y renunciar a ellas. Invita al Espíritu Santo a ser tu guía personal.

9

# LA TENTACIÓN DE HACERLO A TU MANERA

*¿Cuál puede ser la razón de que con cada tentación el diablo agregara: «Si eres Hijo de Dios»? Actúa como lo hizo en el caso de Adán, cuando desacreditó a Dios diciendo: «El día que de él comáis, serán abiertos vuestros ojos». Por lo que en este caso lo hace con la intención de indicar que a nuestros primeros padres los sedujeron y engañaron, sin recibir ningún beneficio. Hasta en la tentación de Jesús también insinuó lo mismo, diciendo: «En vano Dios te ha llamado "Hijo" y te ha engañado con su don. Puesto que, si esto no es verdad, danos alguna prueba clara de que posees ese poder».*

**JUAN CRISÓSTOMO (347-407 D. C.)**

Recuerdo (Dave) una de mis primeras experiencias con la tentación. Un día, cuando éramos niños, dos de mis amigos y yo nos montamos en nuestras bicicletas para ir al centro comercial de la zona. El trayecto era largo, así que tuvimos tiempo para hablar. Al principio, hablamos de lo que queríamos comprar: paquetes de cartuchos explosivos para pistolas de aire comprimido. Sin embargo, a medida que nos acercábamos a la tienda, la conversación tomó un mal rumbo. Empezamos a hablar de lo fácil que sería robar los cartuchos. La idea de conseguir algo a cambio de nada era tentadora, y decidimos hacerlo.

Entramos a la tienda y fuimos directo a la sección de juguetes. Estaba emocionado y asustado al mismo tiempo por el atraco, cuando cada uno de mis amigos deslizó un paquete de cartuchos dentro de su bolsillo. De repente, llegó mi turno y se hicieron a un lado para dejarme ver con claridad el premio.

Mi corazón latía tan fuerte que pensé que me iba a estallar en el pecho. Sabía que tomar los cartuchos estaba mal, pero no quería que me tacharan de gallina. Así que los tomé... y luego me detuve. Me acordé de las cámaras ocultas. Miré hacia la enorme y brillante burbuja de cristal unidireccional que había en el techo. Había una cámara dentro de esa burbuja. Mi cuñado trabajaba en la tienda y me contó todo sobre el sistema de cámaras. Sería una locura intentar robar algo; ¡nos estaban vigilando!

Con timidez, les anuncié a mis amigos que no iba a hacerlo. Refunfuñaron y me llamaron gallina, y nos dirigimos hacia la salida. De repente, dos hombres de seguridad de la tienda nos impidieron escapar.

—¿Dónde están los cartuchos, muchachos? —preguntaron, mirándonos con fijeza.

—¿Qué cartuchos? —contestaron mis dos amigos al unísono, fingiendo su inocencia.

—Vamos, muchachos, vimos que se los llevaban —respondieron los hombres de seguridad.

Mis dos amigos se derrumbaron y lloraron como bebés. Intenté ocultar mi alivio por haberme acobardado en el último minuto. Fue una vez en mi vida en la que, gracias a la gracia de Dios y a una cámara de seguridad, no cedí a la tentación.

En este capítulo queremos hablar sobre la tentación, a fin de que puedas reconocerla con facilidad y rechazar enseguida la invitación de Satanás a hacer las cosas a tu manera.

## ¿QUÉ ES LA TENTACIÓN?

La tentación es la provocación a satisfacer necesidades genuinas a través del mundo, la carne y el diablo en lugar de que sea a través de Cristo (Filipenses 4:19). Cada tentación es una invitación a hacer las cosas a nuestra manera en lugar de hacerlas a la manera de Dios.

La mayoría de nosotros no sentiremos la tentación de cometer pecados obvios como robo a mano armada, asesinato o violación. Satanás es demasiado listo y astuto para eso. Sabe que reconoceremos el mal evidente y nos negaremos a actuar en consecuencia. En lugar de eso, le gusta tentarnos para que llevemos algo bueno más allá de los límites de la voluntad de Dios hasta que se convierta en pecado.

Pablo escribió: «Hay ciertas cosas que en sí no son malas, que no están prohibidas, pero que no me convienen. Aunque me esté permitido hacerlo, no hago nada que luego pueda dominarme» (1 Corintios 6:12, LBD). Pablo no veía más que luces verdes en todas las direcciones de la vida cristiana. Todo es bueno y permitido para nosotros, pues estamos libres de pecado y ya no estamos bajo la condenación de la ley. Sin embargo, Pablo también sabía que si vamos a ciento treinta kilómetros por hora en cualquiera de estas direcciones buenas y permitidas, a la larga nos encontraremos con la luz roja de la voluntad de Dios, y eso es pecado.

Las siguientes declaraciones muestran los resultados pecaminosos en numerosos aspectos donde nos tientan a llevar las cosas buenas que Dios creó más allá de los límites de su voluntad:

- el descanso físico se convierte en pereza
- el silencio se convierte en no querer hablar con nadie
- la capacidad de ganar dinero se convierte en avaricia y codicia
- el disfrute de la vida se convierte en demasiada fiesta, bebida, etc.
- el placer físico se convierte en lujuria
- el interés por las posesiones ajenas se convierte en codicia
- el disfrute de la comida se convierte en glotonería

- el cuidado personal se convierte en egoísmo
- el hablar con los demás se convierte en chismorreo
- la ira se convierte en rabia y mal humor
- el enojo se convierte en rabia y mal genio
- el juicio se convierte en crítica
- la amistad entre personas del mismo sexo se convierte en homosexualidad o disforia de género
- la amistad con personas del sexo opuesto se convierte en inmoralidad
- la generosidad se convierte en despilfarro
- la prudencia y la cautela se convierten en miedo

Algunos cristianos confunden la tentación con el pecado. La tentación no es lo mismo que el pecado. Incluso Jesús fue «tentado en todo como nosotros». Aun así, el versículo termina: «Pero sin pecado» (Hebreos 4:15). Mientras estemos en el mundo, nos exponemos a la tentación tal como lo estuvo Jesús. Sin embargo, Él no pecó, y nosotros tampoco tenemos que pecar (1 Corintios 10:13). La tentación es como ver el rostro de Satanás a través de la ventana; el pecado es como desbloquear y abrir la puerta, haciéndole posible que entre. Recuerda que los límites de Dios no son restrictivos; son protectores.

## CANALES DE TENTACIÓN

Estarás mejor preparado para resistir la tentación en tu vida cuando te des cuenta de que, según las Escrituras, solo hay tres canales a través de los cuales Satanás te atraerá para que actúes fuera de la voluntad de Dios. Se habla de ellos en 1 Juan 2:15-17 (NVI®):

> No amen al mundo ni nada de lo que hay en él. Si alguien ama al mundo, el amor del Padre no está en él. Porque nada de lo que hay en el mundo —los malos deseos de la carne, la codicia de los ojos y la arrogancia de la vida—, proviene del Padre, sino del mundo. El mundo se acaba con sus malos deseos, pero el que hace la voluntad de Dios permanece para siempre.

Los tres canales de la tentación son los *malos deseos de la carne*, la *codicia de los ojos* y la *arrogancia de la vida*. Los malos deseos de la carne nos tientan a satisfacer nuestros apetitos físicos (comida, sexo, comodidad, etc.) de una manera pecaminosa y mundana. La codicia de los ojos nos tienta a hacer lo que creemos que es mejor en lugar de obedecer la Biblia. La arrogancia de la vida nos tienta a obtener toda la atención y la gloria para nosotros mismos.

Satanás tentó tanto a Adán como a Jesús a través de cada uno de estos tres canales. Adán fracasó a lo grande, y nosotros aún sufrimos las consecuencias de su fracaso y caída. Jesucristo, en cambio, se enfrentó a los tres niveles de la tentación de Satanás y la superó con extraordinario éxito. En Él tenemos el ejemplo y el poder para vencer cada tentación que nos lance Satanás.

## Los malos deseos de la carne

Satanás se acercó primero a Eva a través de los malos deseos de la carne. Plantó en su mente la duda sobre el fruto del árbol cuando le preguntó: «¿Conque Dios os ha dicho: "No comeréis de ningún árbol del huerto"?» (Génesis 3:1). En realidad, Dios no dijo: «ningún árbol», solo un árbol. Satanás tergiversa la Palabra de Dios. Eva respondió: «Dios nos ha dicho: "No coman de ese árbol ni lo toquen [...]"» (versículo 3, NVI®). Eva también tergiversó la Palabra de Dios cuando agregó «ni lo toquen». Sin embargo, Satanás despertó su apetito por el fruto prohibido, y ella «vio que el árbol era bueno para comer» (versículo 6), tomó de su fruto y comió. Ceder a los malos deseos de la carne contribuyó a la caída de Adán y Eva.

Satanás también desafió a Jesús a través del canal de los malos deseos de la carne. Nuestro Señor había estado ayunando (sin comer) durante cuarenta días cuando Satanás lo tentó a través del punto débil de su hambre: «Si eres Hijo de Dios, di que estas piedras se conviertan en pan» (Mateo 4:3).

Satanás no lo sabe todo, pero tampoco está ciego. Sabía que Jesús tenía hambre al verlo pasar sin comer durante cuarenta días. También nos observa a nosotros, buscando puntos débiles en nuestro apetito físico por la comida, el descanso, la comodidad y el sexo. La tentación es mayor cuando estamos sobre todo hambrientos, cansados o solos.

La tentación de los malos deseos de la carne está diseñada para apartarnos de la voluntad de Dios y complacernos a nosotros mismos (Gálatas 5:16-17). Comer no tiene nada de pecaminoso. Comer es una necesidad física, y Dios creó los alimentos para que pudiéramos satisfacer esa necesidad. Sin embargo, en cuanto a ese fruto en el huerto, Dios les dijo a Adán y a Eva: «No comerás». Al comer, Adán y Eva actuaron en contra de la voluntad de Dios.

De la misma manera, no había nada malo en que Jesús comiera pan al final de su ayuno, excepto que no era la voluntad del Padre que lo hiciera todavía. Jesús respondió: «NO SOLO DE PAN VIVIRÁ EL HOMBRE, SINO DE TODA PALABRA QUE SALE DE LA BOCA DE DIOS» (Mateo 4:4). No importa cuán deseable le pareciera a Jesús una barra de pan en su hambre, Él no estaba dispuesto a actuar fuera de la voluntad del Padre al aceptar la oferta de Satanás. La vida que Jesús modeló fue una vida dependiente por completo de Dios Padre (Juan 5:30; 6:57; 8:42; 14:10; 17:7). Toda tentación es un intento de Satanás para que vivamos la vida apartados de Dios.

Cuando Satanás nos tienta a través del canal de los malos deseos de la carne, nos invitará a satisfacer nuestras necesidades físicas de maneras que están fuera de los límites de la voluntad de Dios. Comer es necesario y adecuado, pero comer demasiado, comer los tipos indebidos de alimentos y permitir que la comida gobierne nuestras vidas está mal. Dios quiso que el sexo fuera hermoso y bueno. Sin embargo, el sexo fuera del matrimonio, la homosexualidad y el sexo egoísta están fuera de los límites y conducen a la esclavitud.

Siempre que te sientas tentado a satisfacer una necesidad física actuando fuera de la voluntad de Dios, te tientan los malos deseos de la carne. Cuando resistes las tentaciones de los malos deseos de la carne, declaras tu dependencia de Dios para tus necesidades naturales.

## La codicia de los ojos

El segundo canal de tentación que Satanás utilizó contra Adán y Eva se basó en una mentira. Satanás mintió sobre lo que sucedería si Adán y Eva desobedecían a Dios. Dios dijo que la desobediencia conduciría a la muerte, pero Satanás dijo: «¡No es cierto, no van a morir!» (Génesis 3:4, NVI®). «No escuches a Dios. Haz lo que creas que debas hacer», instó a Eva. El fruto prohibido era agradable a sus ojos (versículo 6), así que Eva y Adán ignoraron el mandato de Dios e hicieron lo que decidieron que era mejor para ellos.

La codicia de los ojos nos aleja poco a poco de la Palabra de Dios y carcome nuestra confianza en Dios. Vemos lo que el mundo tiene para ofrecer y deseamos esas cosas más que nuestra relación con Dios. Empezamos a confiar más en nuestra propia visión de la vida que en los mandamientos y promesas de Dios. Nos entusiasmamos con todas las cosas que vemos a nuestro alrededor y nos apoderamos de todo lo que podamos conseguir. Nos convencemos de que lo necesitamos y de que Dios quiere que lo tengamos.

En lugar de confiar en Dios de todo corazón, adoptamos una actitud de «demuéstramelo». De eso se trataba la segunda tentación de Satanás a Jesús: «Si eres Hijo de Dios, lánzate abajo [desde lo alto del templo], pues escrito está: "A SUS ÁNGELES TE ENCOMENDARÁ"; y "EN LAS MANOS TE LLEVARÁN, NO SEA QUE TU PIE TROPIECE EN PIEDRA"» (Mateo 4:6).

Sin embargo, Jesús no estaba dispuesto a participar en el juego de Satanás de «muéstramelo». Respondió: «También está escrito: "No pongas a prueba al Señor tu Dios"» (versículo 7, NVI®).

Cuando resistes las tentaciones de la codicia de los ojos, eliges seguir la Palabra de Dios en lugar de tu propia idea de cómo dirigir tu vida. Los justos vivirán por fe en la Palabra escrita de Dios y no exigirán que Dios se pruebe a sí mismo cumpliendo sus deseos, por muy nobles que sean.

## La arrogancia de la vida

El tercer canal de tentación está en el corazón de los planes de Satanás: la tentación de dirigir nuestro propio futuro, de gobernar nuestro propio mundo, de ser nuestro propio dios. Satanás tentó a Eva con el fruto prohibido: «El día que de él comáis [del árbol], serán abiertos vuestros ojos y seréis como Dios, conociendo el bien y el mal» (Génesis 3:5). La oferta de Satanás fue un llamado a la capacidad que Dios nos dio para gobernar. «No te conformes gobernando *bajo* Dios», parecía decir, «cuando tienes el potencial de *ser* Dios». Cuando Eva se convenció de que «el árbol era deseable para alcanzar sabiduría» (versículo 6), ella y Adán comieron.

La promesa de Satanás de que la pareja llegaría a ser como Dios no era más que una mentira. Cuando Adán y Eva cedieron a su tentación, no se convirtieron en los dioses de este mundo como afirmó él. Por el contrario, cayeron de su posición de gobierno con Dios, y Satanás se convirtió en el dios de este mundo, justo como lo planeó.

Satanás intentó el mismo truco con Jesús: «El diablo le llevó a un monte muy alto, y le mostró todos los reinos del mundo y la gloria de ellos, y le dijo: Todo esto te daré, si postrándote me adoras» (Mateo 4:8-9). Satanás era el dios de este mundo, así que los reinos del mundo eran suyos para ofrecérselos a Jesús.

No obstante, si lo piensas bien, la oferta de Satanás fue bastante absurda. ¿Por qué se tentaría a Jesús con adorar a Satanás a cambio del mundo cuando Él ya era dueño del universo? Entonces, Jesús respondió: ¡Vete, Satanás! Porque escrito está: «AL SEÑOR TU DIOS ADORARÁS, Y SOLO A ÉL SERVIRÁS"» (versículo 10).

La tentación de la arrogancia de la vida tiene como objetivo apartarte de la adoración de Dios y destruir tu obediencia a Dios instándote a hacerte cargo de tu propia vida. Siempre que sientas que no necesitas la ayuda ni la dirección de Dios, que puedes manejar tu vida sin acudir a Él, que no necesitas someterte a nadie, ten cuidado: Esa es la arrogancia de la vida.

Puede que pienses que te sirves a ti mismo, pero cada vez que dejas de adorar y servir a Dios, lo cierto es que adoras y sirves a Satanás, que es lo que él quiere más que cualquier otra cosa. En cambio, tu vida debe estar marcada por la humildad y la obediencia que merece Dios (1 Pedro 5:5-11; Juan 15:8-10).

Recuerda, hay tres cuestiones críticas reflejadas en estos canales de tentación: 1) la voluntad de Dios en tu vida, vista a través de tu dependencia de Dios; 2) la Palabra de Dios en tu vida, vista a través de tu confianza en Dios; y 3) la adoración a Dios en tu vida, vista a través de tu obediencia a Dios. Cada tentación que Satanás te lance pondrá a prueba uno o más de estos asuntos. Te observará para saber dónde eres débil y te tentará en cualquier aspecto que dejes desprotegido.

¿Por qué albergamos pensamientos tentadores que son contrarios a la Palabra y a la voluntad de Dios? Seamos realistas: queremos hacerlo. No nos sentimos tentados a comer en exceso alimentos que no nos gustan, a tener pensamientos impuros sobre chicos o chicas que no nos resultan atractivos, ni a robar algo que no queremos. El anzuelo del diablo es su garantía de que lo que creemos que queremos y necesitamos fuera de la voluntad de Dios puede satisfacernos. No te lo creas. Nunca podrás satisfacer los malos deseos de la carne. Por el contrario: «Bienaventurados los que tienen hambre y sed de justicia, pues ellos serán saciados» (Mateo 5:6). Solo te satisfarán las relaciones adecuadas, vivir por el poder del Espíritu Santo y experimentar el fruto del Espíritu.

## LA VÍA DE ESCAPE

En 1 Corintios 10:13 tenemos la buena nueva que brilla en medio de nuestros temores y preocupaciones acerca de la tentación: «No os ha sobrevenido ninguna tentación que no sea común a los hombres; y fiel es Dios, que no permitirá que vosotros seáis tentados más allá de lo que podéis soportar, sino que con la tentación proveerá también la vía de escape, a fin de que podáis resistirla».

¿Dónde está la vía de escape de la que habla Pablo aquí? En el mismo lugar donde comienza la tentación: en nuestra mente. Toda tentación comienza como un pensamiento introducido en nuestra mente por nuestros propios malos deseos o por el mismo diablo. Si retenemos ese pensamiento y consideramos ponerlo en práctica, a la larga lo haremos, y eso es pecado. En cambio, Pablo nos dice que llevemos cautivo todo pensamiento a la obediencia a Cristo (2 Corintios 10:5). El primer paso para escapar de la tentación es capturar cada pensamiento tan pronto como entre por la puerta de tu mente.

Una vez que detengas un pensamiento entrante, el siguiente paso es revisarlo, a fin de ver si pasa la prueba de ocho partes basada en Filipenses 4:8 (NTV) sobre lo que debemos pensar:

1. ¿Se alinea este pensamiento con la verdad de Dios?
2. ¿Sugiere que haga algo honorable?
3. ¿Es justo?
4. ¿Es puro?
5. ¿Será bello el resultado de este pensamiento?
6. ¿Será el resultado algo digno de admirar?
7. ¿Contribuirá a la excelencia en mi vida?
8. ¿Es algo por lo que puedo alabar a Dios?

Si la respuesta a cualquiera de estas preguntas es no, descarta ese pensamiento de inmediato. No le des más vueltas. Si vuelve una y otra vez, sigue diciendo que no. Cuando aprendes a responder a los pensamientos tentadores deteniéndolos en la puerta de tu mente, evaluándolos sobre la base de la Palabra de Dios y descartando los que no pasan la prueba, habrás encontrado la vía de escape que promete la Palabra de Dios.

Por otro lado, si un pensamiento viene a tu mente y pasa la prueba de Filipenses 4:8 sobre verdadero, honorable, justo, etc., «en esto meditad» (versículo 8) y «esto practicad» (versículo 9). «Y el Dios de paz estará con ustedes» (versículo 9, NTV), que es un resultado mucho mejor que el dolor y el estrés que siguen cuando cedemos a los pensamientos tentadores y nos involucramos en un comportamiento pecaminoso.

## Someterse, confesar, resistir y arrepentirse

«Pero a veces cedo a la tentación y al pecado», se quejan algunos cristianos. «Confieso mi pecado, pero cuando vuelvo a caer en la tentación, peco de nuevo. Parece que estoy montado en una montaña rusa de subidas y bajadas: pecar, confesar, pecar, confesar, pecar, confesar, y no puedo bajarme».

Las personas que están atrapadas en el ciclo de pecado-confesión, al final comienzan a perder la esperanza de poder experimentar una victoria real sobre el pecado. La pura fuerza de voluntad no puede evitar que repitan el pecado que acaban de confesar, y Satanás les echa encima la culpa.

El pecado al que se le permite reinar es como un perro que entra a tu jardín, te muerde en la pierna y no te suelta. Primero, te tientan desde el otro lado de la cerca: «Vamos. Todo el mundo lo hace. Abre la puerta... te saldrás con la tuya». Entonces, cuando cedes a la tentación, el tono cambia: «¡Abriste la puerta! ¡Abriste la puerta!». El tentador cambia de papeles y se convierte en acusador. Te castigas por tu fracaso y clamas a Dios pidiendo perdón. Él ya te perdonó, pero el perro sigue ahí.

¿Por qué no clamar a Dios y castigar al perro en vez de a uno mismo? Santiago 4:7 nos dice: «Por tanto, someteos a Dios. Resistid, pues, al diablo y huirá de vosotros». Debemos confesar nuestro pecado, pero hay dos pasos más importantes que rompen el ciclo: pecar, confesar, *resistir* y *arrepentirse*. Una vez que el perro se va, cierra la puerta. Si no cambias, volverá a ocurrir lo mismo.

El apóstol Juan escribió: «Hijitos míos, os escribo estas cosas para que no pequéis. Y si alguno peca, Abogado [defensor] tenemos para con el Padre, a Jesucristo el justo» (1 Juan 2:1). Debemos acudir a nuestro justo defensor, resistir a nuestro adversario, llevar cautivos los pensamientos y cambiar nuestra mente si queremos experimentar la victoria y la libertad sobre la tentación y el pecado.

## ENCUENTRO CON LA VERDAD

### LEE

1 Corintios 10:13; Santiago 4:7;
2 Corintios 10:5; Filipenses 4:8

### REFLEXIONA

1. ¿Cuáles son algunas formas comunes en que Satanás y sus demonios intentan tentarnos en nuestros apetitos físicos?
2. ¿Cuáles son algunas formas comunes en las que nos sentimos tentados a confiar en nosotros mismos y en nuestro propio conocimiento en lugar de confiar en Dios y en su Palabra?
3. ¿Qué significa llevar cautivo todo pensamiento?
4. ¿En qué nos pide que meditemos Filipenses 4:8? ¿Puedes nombrar algunas de las ocho cosas en las que debes meditar cuando llevas cautivo un pensamiento?
5. Jesús te defiende ante el Padre de las acusaciones de Satanás (1 Juan 2:1). ¿Cómo te ayuda saber esto a mantenerte firme contra las acusaciones de Satanás?

### RESPONDE

Vuelve a leer Filipenses 4:8. Ahora piensa en un problema con el que estés luchando en tu vida e imagina las posibles opciones que tienes. Ora y pídele a Dios que te revele si tus decisiones están alineadas con su Palabra. ¿Son honorables, virtuosas y merecen elogio? ¿Agradarán a Dios?

10

# ACUSADO POR EL PADRE DE LA MENTIRA

*Dios creó otro ser, en quien no quedó la disposición del origen divino. Por lo tanto, se infectó con su propia envidia, como con el veneno. Así pasó de lo bueno a lo malo. A través de su propia voluntad, que Dios le otorgó sin trabas, adquirió para sí un nombre contrario. De esto, parece que la fuente de todos los males es la envidia. Puesto que envidiaba a su predecesor [el Hijo], quien a través de su constancia es aceptable y querido por Dios Padre. A esta persona, que de buena se convirtió en malvada por su propia actuación, los griegos le llaman diabolos [calumniador]. Nosotros lo llamamos el acusador, porque le informa a Dios las faltas con las que él mismo nos tienta.*

LACTANCIO (240-320 D. C.)

Cuando estaba (Dave) en la secundaria, era luchador. Recuerdo el torneo en el que competí por el campeonato. Había luchado todo el día y había ganado todos los combates. Ahora me enfrentaría a mi oponente más duro, quien tendría que ser un buen luchador para llegar a la ronda final. Sin embargo, estaba emocionado. Me sentía capaz de vencer a cualquiera.

Cuando vi al chico con el que iba a luchar por el campeonato, se me encogió el corazón. Era el hijo de mi entrenador. El entrenador guardó silencio al borde de la colchoneta. Sin embargo, sabía que quería que ganara su hijo. ¿Qué padre no lo querría? Era como si fuera por el campeonato sin entrenador. Mi mente se llenó de dudas. Empecé a cuestionar mis habilidades. Frases como «No soy lo bastante bueno» y «No puedo vencerlo» resonaron en mi mente. Pronto me convencí de que era imposible que pudiera vencer al hijo del entrenador.

Bueno, perdí. En cambio, no puedo decir que las habilidades de lucha de mi oponente me derrotaran ese día. Perdí el combate incluso antes de pisar la lona por creerme las dudas de mi mente.

Los adolescentes parecen tener una triste cosa en común: Todos son muy buenos menospreciándose a sí mismos, como lo hice yo ese día. Dicen: «No soy importante, no estoy calificado, no soy bueno». Es asombroso cuántos jóvenes cristianos se paralizan en su testimonio y crecimiento debido a que piensan y sienten que no valen nada.

Esta desalentadora crítica interior puede tener sus raíces en el reino de las tinieblas. Después de la tentación, quizá el ataque más frecuente e insistente que nos lanza Satanás sea la *acusación*. En Cristo *somos* importantes, *estamos* capacitados, *somos* buenos. Satanás no puede hacer nada para cambiar nuestra posición en Cristo y nuestro valor para Dios. Sin embargo, puede derrotarnos si consigue engañarnos haciéndonos creer sus mentiras de que tenemos poco valor para Dios o para otras personas.

Los dos movimientos favoritos de Satanás son la tentación y la acusación. Los utiliza para inmovilizarnos y derrotarnos. Viene y nos dice: «¿Por qué no lo intentas? Todo el mundo lo hace. Además, puedes salirte con la tuya. ¿Quién lo va a saber?». Entonces, tan pronto como caemos en su tentadora línea, cambia su tono a la acusación: «¿Qué clase de cristiano eres para hacer algo así? Eres una triste excusa para un hijo de Dios. Nunca te saldrás con la tuya. Da igual que te rindas, porque Dios ya se rindió contigo».

A Satanás se le llama «el acusador de nuestros hermanos [...] el que los acusaba día y noche delante de nuestro Dios» (Apocalipsis 12:10, NVI®). Todos hemos escuchado su voz mentirosa y llena de odio en nuestros corazones y mentes. Parece que nunca nos abandona. Muchos cristianos están siempre desanimados y derrotados, pues creen sus mentiras acerca de ellos. Y quienes ceden ante sus acusaciones terminan siendo despojados de la libertad que Dios quiere que disfrute su pueblo. Un cristiano derrotado escribió:

> Mis antiguos sentimientos de que la vida no vale la pena siguen regresando. Estoy asustado, solo, confundido y muy desesperado. En el fondo, sé que Dios puede vencer esto, pero no puedo afrontar este bloqueo. Ni siquiera puedo orar. Cuando lo intento, hay cosas que se interponen en mi camino. Cuando me siento bien y empiezo a poner en práctica lo que sé que Dios quiere que haga, esas voces y una fuerza muy potente me detienen en seco que no puedo continuar. Estoy tan cerca de ceder a esas voces que ya casi no puedo luchar en su contra. Solo quiero un poco de paz.

## PONGAMOS AL ACUSADOR EN SU LUGAR

La buena noticia es que no tenemos que escuchar las acusaciones de Satanás y vivir derrotados. Zacarías 3:1-10 contiene una verdad importante a la que debemos aferrarnos, a fin de poder defendernos por fe frente a las acusaciones de Satanás y vivir con rectitud en el servicio de Dios.

El Señor le mostró al profeta Zacarías una escena celestial en la que las acusaciones de Satanás contra el pueblo de Dios se ponen en la perspectiva adecuada:

> Entonces me mostró a Josué, el sumo sacerdote, que estaba de pie ante el ángel del SEÑOR y a Satanás, que estaba a su mano derecha para acusarlo. El ángel del SEÑOR dijo a Satanás: «¡Que te reprenda el SEÑOR, quien ha escogido a Jerusalén! ¡Que el SEÑOR

> te reprenda, Satanás! ¿No es este hombre un tizón rescatado del fuego?». Josué estaba vestido con ropas sucias en presencia del ángel (versículos 1-3, NVI®).

## El Señor reprende a Satanás

Fíjate en el elenco de personajes de esta escena. Parece una sala de audiencia celestial. El juez es Dios Padre. El fiscal es Satanás. El abogado defensor es Jesús. Y el acusado es Josué, el sumo sacerdote, que representa a todo el pueblo de Dios, incluyéndonos a ti y a mí.

En la historia hebrea, cuando una vez al año el sumo sacerdote entraba a la presencia de Dios en el Lugar Santísimo (el lugar donde se ofrecía el sacrificio por el pecado), era una ocasión muy seria. El sacerdote tenía que realizar ceremonias especiales para asegurarse de estar limpio ante Dios. Si el sacerdote no estaba limpio ante Dios, podía morir fulminado en el acto.

Así que aquí está un sumo sacerdote llamado Josué, de pie en la presencia de Dios con vestiduras sucias que representan los pecados de Israel. ¡Malas noticias! Satanás el acusador dice: «Míralo, Dios. Está sucio. Merece que lo maten». Sin embargo, Dios reprende al acusador y lo pone en su lugar. «Tú no eres el juez y no puedes dictar sentencia sobre mi pueblo», parece decir Dios en su reprimenda. «Rescaté a Josué de las llamas del juicio, y tus acusaciones son falsas».

Esta escena en el tribunal continúa día y noche para cada hijo de Dios. Satanás sigue señalando nuestras faltas y debilidades a Dios, y exige que nos castigue por no ser perfectos. En cambio, nuestro abogado defensor en el cielo es Jesucristo, y Él nunca ha perdido un caso ante Dios el juez. Satanás no puede sostener sus acusaciones, pues Jesucristo cargó con nuestros pecados en la cruz. Él nos hizo justos ante Dios y está delante de Dios en nuestra defensa (Romanos 8:33-34).

Mientras Satanás nos acusa ante Dios, él y sus demonios también nos acusan bombardeando nuestras mentes con falsos pensamientos de lo indignos e injustos que somos a los ojos de Dios: «¿Cómo pudiste hacer eso y ser cristiano? En realidad, no eres un hijo de Dios». Aun así, Satanás no es nuestro juez; solo es nuestro *acusador*. No obstante, si lo escuchamos y le creemos, comenzaremos a vivir esas acusaciones como si fueran una sentencia que debemos cumplir.

Cuando las acusaciones de indignidad de Satanás te ataquen, no les prestes atención. En lugar de eso, responde: «Satanás, he puesto mi confianza en Cristo y soy un hijo de Dios. Al igual que el sumo sacerdote Josué, Dios me rescató del fuego del juicio. Me declaró justo. Tú no eres el juez. Lo único que puedes hacer es acusarme... y no me lo creo».

## El Señor nos quita las ropas sucias

La razón por la que las acusaciones de Satanás son falsas es porque Dios resolvió el problema de nuestras ropas sucias; es decir, nuestro pecado. La descripción que hace Zacarías de la escena del tribunal celestial continúa:

> El ángel les dijo a los que estaban allí, dispuestos a servirle: «¡Quítenle las ropas sucias!». Y a Josué le dijo: «Como puedes ver, ya te he liberado de tu culpa, y ahora voy a vestirte con ropas espléndidas». Entonces dije yo: «¡Pónganle también un turbante limpio en la cabeza!». Y le pusieron en la cabeza un turbante limpio, y lo vistieron, mientras el ángel del Señor permanecía de pie (3:4-5, NVI®).

Dios no solo nos declara justos, sino que también nos quita nuestras ropas sucias de pecado y nos viste con su justicia. Fíjate que el cambio de vestuario es algo que hace Dios, no que hacemos nosotros. En nosotros mismos, no tenemos ninguna ropa de justicia para ponernos que satisfaga a Dios. Él nos cambia cuando le entregamos nuestras vidas en fe.

## El Señor nos pide que respondamos

Una vez que reprende a Satanás y nos provee de justicia, el Señor nos llama a responder con obediencia: «Si andas en mis caminos, y si guardas mis ordenanzas, también tú gobernarás mi casa; además tendrás a tu cargo mis atrios y te daré libre acceso entre estos que están aquí» (Zacarías 3:7).

Al llamarnos a caminar en sus caminos y realizar su servicio, el Señor solo nos llama a vivir nuestra identidad en Cristo a través de nuestra obediencia. Esto significa vivir por fe en lugar de por miedo. Significa crucificar cada día la carne y caminar según el Espíritu. Significa creer que estamos muertos al pecado y vivos para Dios, no permitiendo que el pecado gobierne en nuestros cuerpos. Significa llevar cautivo todo pensamiento a la obediencia a Cristo y ser transformados por la renovación de nuestra mente.

Si caminamos en obediencia, Dios promete que gobernaremos su casa y estaremos a cargo de sus atrios. Esto significa que experimentaremos de forma activa nuestra participación en su autoridad en el mundo espiritual, capaces de vivir en victoria sobre Satanás y el pecado. También nos promete una línea abierta de comunicación con el Padre. A medida que operamos en su autoridad, y vivimos en comunión y armonía con Él, nuestra victoria y fertilidad diarias están aseguradas.

## ¿CUÁL ES LA DIFERENCIA?

Puede que estés pensando: «Cuando el diablo me lanza sus acusaciones, me siento triste. En cambio, a veces también me entristece la convicción del Espíritu Santo. ¿Cómo puedo diferenciar entre las acusaciones de Satanás y la convicción del Espíritu?».

Pablo nos muestra la diferencia entre las dos en 2 Corintios 7:9-10 (NVI®):

> Ahora me alegro, no porque se hayan entristecido,
> sino porque su tristeza los llevó al arrepentimiento.

> Ustedes se entristecieron tal como Dios lo quiere, de modo que nosotros de ninguna manera los hemos perjudicado. La tristeza que proviene de Dios produce el arrepentimiento que lleva a la salvación, de la cual no hay que arrepentirse, mientras que la tristeza del mundo produce la muerte.

Tanto las acusaciones del diablo como la convicción del Espíritu Santo provocan sentimientos de tristeza. Sin embargo, el dolor causado por las acusaciones de Satanás conduce a la muerte. En otras palabras, el diablo quiere que nos sintamos mal para poder destruirnos. Quiere que nos demos por vencidos y dejemos de seguir a Cristo.

En contraste, Dios permite que la tristeza de la convicción nos mueva al arrepentimiento, lo cual nos lleva a la vida. Dios no nos está derribando con la tristeza. Él quiere que nuestros sentimientos de tristeza por nuestro pecado nos lleven a Él, a fin de que podamos experimentar el perdón y la libertad.

Todo joven cristiano se enfrenta cada día a la elección de caminar por el Espíritu o por la carne. Cuando decidimos caminar de acuerdo a la carne, el Espíritu Santo trae convicción, pues no actuamos en armonía con quienes somos en realidad. Si continuamos en la carne, sentiremos la tristeza de la convicción.

«¿Cómo puedo saber qué tipo de tristeza estoy experimentando?», quizá te preguntes. «Se sienten igual». Averigua si tus sentimientos reflejan la verdad o una mentira, e identificarás su origen. ¿Te sientes culpable, inútil o tonto? Esa es la tristeza que causa la acusación, de modo que esos sentimientos no reflejan la verdad. Ya no eres culpable; te perdonaron por tu fe en Cristo. No eres un inútil; Jesús dio su vida por ti. No eres tonto; todo lo puedes en Cristo.

Cuando encuentres mentiras acechando bajo tus sentimientos de tristeza, en especial si tus sentimientos siguen golpeándote contra el suelo, te están acusando falsamente. Incluso si cambiaras, no te sentirías mejor, porque entonces Satanás encontraría otra cosa que te molestaría. Para deshacerse de la tristeza de la acusación, debes someterte a Dios, y resistir al diablo y sus mentiras.

En cambio, si te sientes inquieto debido a que no vives como Dios quiere que vivas, es el Espíritu Santo el que te llama a admitir, basándose en 1 Juan 1:9: «Querido Señor, estaba equivocado». Tan pronto como confiesas y te arrepientes, Dios dice: «Me alegra que me dijeras eso. Estás limpio; ahora sigue con tu vida». Y sales libre. La tristeza desaparece, y tienes una nueva determinación de obedecer a Dios en el campo de tu fracaso.

La diferencia entre acusación y convicción se ve con claridad en la vida de dos de los discípulos de Jesús: Judas y Pedro. Judas era un ladrón y permitió que Satanás lo engañara para que traicionara a Jesús por treinta piezas de plata (Lucas 22:3-5). Cuando Judas cayó bajo la tristeza del mundo, se ahorcó. ¿Fue su suicidio el resultado de la acusación de Satanás o de la convicción de Dios? Tuvo que ser una acusación, pues llevó a Judas a suicidarse. La acusación conduce a la muerte; la convicción conduce al arrepentimiento y a la vida.

Pedro también le falló a Jesús al negarlo (Lucas 22:33-34). La tristeza que sintió Pedro fue tan dolorosa como la que experimentó Judas. Sin embargo, la tristeza de Pedro se debió a la convicción que finalmente lo llevó al arrepentimiento (Juan 21:15-17).

Cuando tus sentimientos de tristeza te derriban y te alejan de Dios, Satanás te está acusando. Resístelo. En cambio, cuando tu tristeza te lleva a Cristo para confesar tu error, el Espíritu te convence. Cede y arrepiéntete.

Según Apocalipsis 12:10, la obra continua de Satanás es acusar a los hijos de Dios. Sin embargo, la obra continua de Cristo es orar por nosotros (Hebreos 7:25). Tenemos un enemigo persistente, pero tenemos un Salvador aún más persistente y eterno que nos defiende ante el Padre sobre la base de nuestra fe en Él (1 Juan 2:1).

## LAS ARENAS MOVEDIZAS DE LA ACUSACIÓN

Es muy importante para nuestra victoria diaria en Cristo que aprendamos a resistir las acusaciones de Satanás. Todos nos hemos sentido inútiles alguna vez. Cuando nos sentimos como inútiles, actuamos como inútiles, y nuestras vidas sufren hasta que resistimos a Satanás y volvemos a una vida de victoria.

Aun así, Satanás nunca se rinde. Intentará deprimirnos más a menudo y mantenernos hundidos por más tiempo, lanzándonos una acusación falsa tras otra. Si no seguimos resistiéndole, podemos convertirnos en blanco de ataques aún más serios de Satanás.

## El pecado imperdonable

Una de las acusaciones más graves que nos lanza Satanás es que hemos cometido «el pecado imperdonable»: blasfemar contra el Espíritu Santo. Es fundamental desenredar las mentiras del diablo al respecto. De lo contrario, podemos sufrir en silencio, con nuestro casco de salvación (Efesios 6:17) que parece no servirnos de nada, pues estamos creyendo una mentira sobre quiénes somos.

Esta acusación es típica de las mentiras del enemigo. Le encanta torcer y hacer mal uso de las Escrituras, con la esperanza de engañarnos al hacernos creer que la Biblia nos está condenando. Por eso es importante mirar y entender la verdad de la Palabra de Dios. Esto es lo que Jesús dijo en Marcos 3:22-30 (NVI®):

> Los maestros de la Ley que habían llegado de Jerusalén decían: «¡Está poseído por Beelzebú! Expulsa a los demonios por medio del príncipe de los demonios».
>
> Entonces Jesús los llamó y les habló en parábolas: «¿Cómo puede Satanás expulsar a Satanás? [...]. Y si una familia está dividida contra sí misma, esa familia no puede mantenerse en pie. Igualmente, si Satanás se levanta contra sí mismo y se divide, no puede mantenerse en pie [...]. Les aseguro que todos los pecados y blasfemias se les perdonarán a todos por igual, excepto a quien blasfeme contra el Espíritu Santo. Este no tendrá perdón jamás; es culpable de un pecado eterno».

> Es que ellos habían dicho: «Tiene un espíritu maligno».

Es tarea del Espíritu Santo llevar a la gente a Jesús. Si rechazas lo que el Espíritu dice acerca de Él, nunca podrás venir a Cristo y a la salvación. En primer lugar, nunca vendrás a Jesús. En cambio, si vienes a Él, Dios te hace su hijo, y todos tus pecados y blasfemias se perdonan gracias a Jesús. Por eso ningún cristiano puede cometer el pecado imperdonable.

Imagínate a los escribas y fariseos. Delante tenían a su Mesías, Jesús, el Hijo de Dios, ¡y lo acusaban de usar el poder de Satanás para liberar a la gente de la esclavitud demoníaca! Rechazaron por completo lo que les decía el Espíritu de Dios. Más tarde, fueron quienes conspiraron para que lo arrestaran y lo mataran. Lo maldijeron y se burlaron de Él mientras colgaba de la cruz.

Si has estado bajo la convicción del Espíritu Santo y has confiado en Cristo, has hecho lo contrario de cometer el pecado imperdonable. Si tienes convicción de tus pecados, eso es una prueba más de que eres cristiano. ¡Ni siquiera te preocuparías por tu pecado si el Espíritu no obrara dentro de ti!

Es posible que te sientas destrozado debido al engaño de Satanás en este aspecto. Elige creer la verdad de Dios. Sométete a Él, resiste al diablo, levántate y camina libre.

### Recuerda quién es nuestro enemigo

Tratar de hacernos pensar que cometimos el pecado imperdonable es solo una de las estrategias de Satanás. Recuerda que el diablo es un acusador que nos atacará de cualquier manera que le sea posible. Es como un fiscal que intenta difamar y acosar a un testigo con sus mentiras. Nos señala con su repulsivo dedo y dice: «Ajá, ¡ya lo hiciste! ¡Esta vez te pasaste de la raya!».

¿Qué le puede pasar a un cristiano que no se *opone* a Satanás, el acusador en su vida? La historia de Janet es un caso extremo, pero muestra lo importante que es elegir la verdad por encima del engaño del maligno.

Janet era una joven cristiana con graves problemas emocionales que me trajo (a Neil) su anciano pastor. El prometido de Janet, Curtis, los acompañaba. Después de presentarme a Janet y Curtis, el pastor se dispuso a marcharse.

—Espera un minuto —dije—. Preferiría que te quedaras con nosotros.

—Tengo mal el corazón —respondió el pastor.

—No creo que hoy pase nada aquí que afecte tu corazón —le aseguré.

(¡No tenía idea de lo que estaba a punto de suceder!).

—Además, eres su pastor y agradecería tu apoyo en la oración.

El pastor accedió a regañadientes.

Mientras Janet me contaba su historia, me di cuenta de que Satanás, el acusador, le había hecho mucho daño. Fue víctima de un abuso tras otro cuando era niña y adolescente. Su pasado también incluía una relación enfermiza con un exnovio que estaba involucrado en el ocultismo. A lo largo de los años, había llegado a creer las mentiras de Satanás de que ella era la causa de sus problemas y que no tenía ningún valor para Dios ni para cualquier otra persona. Su visión de sí misma estaba por los suelos.

—Janet, podemos ayudarte con tus problemas, pues hay una batalla por tu mente que Dios nos ha dado la autoridad para ganar —le dije al reconocer la conocida estrategia de Satanás.

En cuanto pronuncié esas palabras, Janet de repente se quedó en blanco. Estaba sentada tan quieta como una piedra, con los ojos vidriosos y la mirada perdida.

—¿Alguna vez la han visto comportarse así? —les pregunté a su pastor y a su novio.

—No —respondieron con los ojos muy abiertos. Estaban muy asustados.

—Bueno, no hay nada de qué preocuparse. Lo he visto antes —dije—. Vamos a tomar autoridad sobre esto, pero es importante que ustedes dos afirmen una buena posición ante Dios.

Dirigí al pastor en una oración similar a las que se encuentran en el capítulo 13 de este libro. Cuando me volví para guiar a Curtis en oración, él comenzó a temblar.

—Curtis, ¿hay algo entre tú y Dios que no está bien? Si es así, te sugiero que lo aclares ahora mismo.

Dadas las circunstancias, ¡Curtis no opuso mucha resistencia! Comenzó a confesar los pecados de su vida, incluido el hecho de que él y Janet habían estado durmiendo juntos. Le aconsejé a Curtis que pusiera fin a esa práctica y dijo que lo haría. Mientras tanto, Janet permanecía inmóvil, perdida por completo.

Después de orar juntos para arreglar su vida con Dios, le di a Curtis una hoja de papel con una oración para que la leyera. En cuanto Curtis comenzó a leer la oración, Janet volvió a la vida. Dejó escapar un gruñido, luego arremetió contra Curtis y le quitó el papel de un manotazo. Satanás trató de utilizar la brusquedad de sus acciones para asustarnos, y por un instante me sobresalté. Sin embargo, no era más que otra de sus tácticas destinadas a hacernos retroceder por miedo. Ejercimos la autoridad de Dios y acordamos en oración que el maligno fuera atado en el nombre del Señor Jesucristo.

Desearía haber grabado en vídeo mi encuentro con Janet ese día, a fin de poder mostrarles a los escépticos lo que sucede cuando Satanás le hace frente a la autoridad de Dios. Era como si la Mujer Maravilla hubiera atado a Janet a la silla. Solo se quedó sentada retorciéndose, atada por las cuerdas de la autoridad de Dios. Sus ojos fulminaban a Curtis con odio, lo que era una prueba más del poder demoníaco que la controlaba. Janet no odiaba a Curtis; lo amaba. Iban a casarse. Sin embargo, Satanás detestaba el hecho de que se les estuvieran demoliendo sus fortalezas en Curtis y Janet, y su odio se reflejaba en el rostro de Janet.

Curtis terminó de leer la oración mientras Janet seguía retorciéndose en su silla. Entonces, oré:

—"Señor, declaramos que dependemos de ti, porque separados de Cristo, nada podemos hacer. Ahora, en el nombre y la autoridad del Señor Jesucristo, les ordenamos a Satanás y a todas sus huestes que liberen a Janet y permanezcan atados para que ella sea libre de obedecer a Dios, su Padre celestial".

De repente, Janet se desplomó en su silla y salió de su trance.

—¿Recuerdas algo de lo que estuvimos haciendo aquí? —le pregunté.

—No, ¿qué paso? —respondió con una mirada perpleja.

—No hay nada de qué preocuparse —le dije—. De alguna manera, Satanás se ha ganado un punto de apoyo en tu vida. Por lo tanto, nos gustaría guiarte a través de "Los pasos hacia la libertad en Cristo".

Una hora más tarde, Janet estaba libre.

¿Qué derecho tenía Satanás de controlar a Janet como lo hizo? Solo el derecho que ella le dio al ceder a sus mentiras. Satanás la había convencido de que prácticamente no valía nada, así que vivía al margen de la inmoralidad y se metió en el ocultismo, lo que le dio a Satanás aún más espacio para actuar en su vida y controlarla parcialmente. Una vez que Janet renunció a su participación en el pecado y con Satanás, su control sobre ella se canceló y tuvo que marcharse.

Para la mayoría de nosotros, las acusaciones engañosas de Satanás no resultarán en el tipo de esclavitud que se vio en la vida de Janet. No obstante, si puede hacerte dudar de tu valor para Dios o de tu eficacia como hijo de Dios a través de sus acusaciones, puede impedirte vivir para Dios. Pon a prueba tus sentimientos. Lleva cautivo cada pensamiento. No creas nada de lo que Satanás dice de ti; es mentira. Cree todo lo que Dios dice de ti; la verdad es la que te hará libre.

## ENCUENTRO CON LA VERDAD

### LEE

Zacarías 3:1-7

### REFLEXIONA

1. ¿Qué es una acusación? ¿Alguna vez Dios nos condena o acusa? ¿Cuál es la diferencia entre acusación y condena?
2. ¿Cuáles son algunas de las acusaciones que Satanás utiliza para derribar a los creyentes hoy en día? ¿Por qué a veces es difícil ignorar esas acusaciones?
3. ¿Por qué a menudo intentamos ganarnos el amor y la aceptación de Dios a pesar de que ya la tenemos? ¿Por qué es difícil considerarnos justos aunque Dios dice que lo somos?
4. ¿Por qué como cristiano no puedes cometer el «pecado imperdonable»?
5. Cuando sientes que te acusa el enemigo, ¿cómo debes responder? ¿En qué aspectos debes actuar de manera diferente cuando se trata de enfrentar una acusación?

### RESPONDE

Ora y proclámale a Dios la persona que eres en Cristo. Agradécele que ya no hay castigo para los que están en Cristo y que Satanás no puede presentar ninguna acusación contra nosotros que la sangre de Cristo no haya quitado.

11

# EL PELIGRO DEL ENGAÑO

*Debido a que el diablo fue el primero en quedar atrapado en el pecado, todos los que ahora pecan actúan de acuerdo con sus órdenes. Puesto que el diablo gobierna en el pecador mediante una infinidad de pensamientos malvados, como en el caso de Judas. Algunos podrían decir que el diablo está presente en los pecadores incluso antes de que pequen, porque le han dado lugar. La respuesta a esto es que cometer pecado y darle lugar al diablo equivale a una y la misma cosa: pecado.*

JUAN CRISÓSTOMO (347-407 D. C.)

Alicia era una de las jóvenes de aspecto más patético que he conocido (Neil). Estaba delgada y no tenía más grasa corporal que perder. Sus ojos tristes y vacíos me decían que había perdido toda esperanza en la vida.

El padre de Alicia dijo que era adicta a los analgésicos recetados. Era una chica muy talentosa y una cristiana comprometida en muchos aspectos, pero también era una adicta a la que incluso detuvieron una vez por posesión ilegal de medicamentos recetados. Mientras su padre me contaba su triste historia, Alicia estaba sentada asintiendo para sí misma como diciendo: «Sí, esa soy yo, y la vida es un martirio». Me volví hacia Alicia, la tomé de las manos y le dije:

—Quiero que me digas quién crees que eres.

—Solo soy una fracasada inútil —gimoteó.

—No eres una fracasada —le respondí—. Eres una hija de Dios.

Alicia continuó con su discurso negativo, lo que me indicó que había estado viviendo bajo el engaño demoníaco. Seguí recordándole la buena noticia de su identidad en Cristo. Cuanto más hablábamos, más me daba cuenta de la presencia de Cristo ministrando a Alicia.

—¿Quieres decirme que todos estos pensamientos negativos sobre mí no son más que mentiras de Satanás? —dijo al final.

—Así es, Alicia —asentí—. Y a medida que empieces a aprender la verdad sobre tu identidad en Cristo, serás libre de la esclavitud de las mentiras de Satanás.

Dos semanas después, Alicia se inscribió en un curso intensivo de crecimiento espiritual de doce semanas. Al final del curso, comenzó a tomar control de su vida en lugar de seguir siendo víctima del engaño de Satanás. Subió alrededor de doce kilos de peso. Y hoy es libre.

«En el principio creó Dios los cielos y la tierra» (Génesis 1:1). Así comienza el relato de la creación y la historia de la humanidad en el Antiguo Testamento. Dos capítulos después, Satanás engañó a Eva, y Adán pecó. El Nuevo Testamento comienza con la genealogía de Jesús. Tres capítulos después, Satanás tienta a Jesús en un nuevo intento por detener el plan de Dios. Una vez más, fracasa. No puede engañar a Jesús, quien es la Verdad, y no hay nada en Él que pueda tentar.

¿Cómo fue que Satanás pudo tentar a Eva? Pablo lo explica en 2 Corintios 11:3, y luego sigue con una declaración de preocupación por los creyentes en Corinto: «Temo que, así como la serpiente con su astucia engañó a Eva, vuestras mentes sean desviadas de la sencillez y pureza de la devoción a Cristo».

A mí también me preocupa, porque «la serpiente antigua que se llama el diablo y Satanás, el cual engaña al mundo entero»

(Apocalipsis 12:9) es la causa de que «todo el mundo yace bajo el poder del maligno» (1 Juan 5:19). El engaño es más retorcido que la tentación y la acusación, pues cuando te tientan, lo sabes. Cuando te acusan, lo sabes. En cambio, cuando te engañan, no lo sabes. Si lo supieras, no te engañarían. Si no conocemos la verdad y no sabemos quién es nuestro enemigo, seremos como niños con los ojos vendados golpeándonos a nosotros mismos y a los demás, sin darnos cuenta de que nos están engañando.

Satanás contrarresta cada movimiento de Dios. Jesús dijo: «El reino de los cielos puede compararse a un hombre que sembró buena semilla en su campo. Pero mientras los hombres dormían, vino su enemigo y sembró cizaña entre el trigo, y se fue» (Mateo 13:24-25). El trigo representa a los hijos de Dios, y «la cizaña son los hijos del maligno» (versículo 38). Tanto la cizaña como el trigo se parecen a una brizna de césped, y son difíciles de distinguir hasta la cosecha. A finales de la temporada, la diferencia es más evidente. Del trigo brota una espiga, pero la cizaña no da fruto. Se propagan bajo tierra mientras la iglesia duerme.

La única defensa contra el engaño es conocer la verdad y tener discernimiento espiritual. Por eso Jesús oró al Padre: «No te pido que los quites del mundo, sino que los protejas del maligno [...]. Santifícalos en la verdad; tu palabra es la verdad» (Juan 17:15-17, NVI®). «Ceñidos con [nuestro] cinturón de la verdad» (Efesios 6:14): Este cinturón de la verdad es la primera pieza de la armadura de Dios. Pablo usó un lenguaje muy específico cuando nos advirtió acerca del fin de los tiempos: «El Espíritu Santo nos dice claramente que en los últimos tiempos algunos se apartarán de la fe verdadera; seguirán espíritus engañosos y enseñanzas que provienen de demonios» (1 Timoteo 4:1, NTV). Vivimos en una época en la que «los hombres malos e impostores irán de mal en peor, engañando y siendo engañados» (2 Timoteo 3:13). La manipulación de la información, tanto escrita como visual, se ha vuelto tan común que no se puede confiar en lo que se ve, se oye y se lee en los principales medios de comunicación.

El tema principal del Nuevo Testamento es la posición que disfrutamos en Cristo a través de nuestra fe en Él. Esas son las buenas nuevas: Cristo en ti y tú en Cristo. Si hay un tema negativo en el Nuevo Testamento que resume la oposición que enfrentamos por parte de Satanás, sería el engaño.

Hay tres cosas principales que Satanás usará para tratar de alejarte de la verdad de Dios y engañarte para que creas sus mentiras: el autoengaño, los falsos profetas y maestros, y los espíritus engañadores. Nosotros somos el blanco del engaño de Satanás en estas esferas si no fallamos en llenar nuestras mentes con la verdad de la Palabra de Dios.

## CUIDADO CON EL AUTOENGAÑO

¿Es de veras posible que los cristianos se engañen a sí mismos? Sí, es muy posible. La Biblia nos habla de varias maneras en que los cristianos nos engañamos a nosotros mismos.

*Nos engañamos a nosotros mismos cuando escuchamos la Palabra, pero no la ponemos en práctica* (Santiago 1:22; 1 Pedro 1:13). Escuchamos el sermón del pastor o la lección de estudio bíblico del líder de jóvenes y decimos: «¡Vaya! ¡Qué gran verdad!». Entonces, nos apresuramos a decírsela a otra persona, sin pensar en cómo se aplica a nuestras propias vidas. Santiago dijo que la gente que oye la Palabra, pero no hace lo que ella dice, se engaña a sí misma (1:22).

*Nos engañamos a nosotros mismos cuando decimos que no tenemos pecado* (1 Juan 1:8). La Biblia no dice que tengamos pecado; dice que es posible que pequemos y que el pecado reine en nuestros cuerpos (Romanos 6:12). No somos santos sin pecado; somos santos que a veces pecamos. Es importante reconocer nuestros fallos, confesarlos a Dios y recibir su perdón. La persona que se engaña a sí misma ignorando sus actos pecaminosos y permitiendo que se acumulen se encamina a una gran caída.

Los habitantes del sur de California, una zona propensa a los terremotos, no dejan de oír hablar sobre «el gran terremoto» que muchos expertos creen que se avecina. Siempre que experimentan pequeños terremotos, pueden asustarse un poco, pero también los ven como una buena señal. Estas pequeñas sacudidas significan que las placas de la corteza terrestre se están desplazando. Mientras la corteza se ajuste de esta manera, es poco probable que llegue «el grande». Sin embargo, cuando no se producen terremotos menores durante varios meses o años, aumenta el peligro de que se produzca un terremoto mayor y devastador.

Cuando vivimos en obediencia a la Palabra de Dios y lidiamos con nuestro pecado cada día, evitamos que los grandes terremotos espirituales se acumulen en nuestras vidas. Si seguimos diciendo: «No tengo ningún pecado», o si no admitimos nuestras fallas cuando Dios nos convence de ellas, nos espera «el grande».

*Nos engañamos a nosotros mismos cuando pensamos que somos mejores de lo que somos* (Romanos 12:3; Gálatas 6:3). «Pero sé quién soy», decimos. «Soy un hijo de Dios, estoy sentado con Cristo, todo lo puedo en Él. Eso me hace muy especial». Sí, somos muy especiales a los ojos de Dios. En cambio, somos lo que somos por la gracia de Dios (1 Corintios 15:10). La vida que vivimos, los talentos que poseemos y los dones que hemos recibido no son logros personales; son expresiones de la gracia de Dios. Nunca debemos atribuirnos el mérito de lo que ha provisto Dios. Por el contrario, debemos gozarnos al hacer cosas que glorifiquen al Señor.

*Nos engañamos a nosotros mismos cuando pensamos que somos más sabios de lo que somos* (1 Corintios 3:18-19). A veces nos sentimos tentados a pensar que somos tan listos como Satanás, el dios de este mundo. En cambio, no somos rivales para él. Cada vez que pensamos que podemos burlar a Satanás por nuestra cuenta, nos convertimos en el blanco principal para que nos golpee uno de sus astutos trucos.

Sin embargo, Satanás no es rival para Dios. Es importante que no nos apoyemos en nuestro propio entendimiento, sino que utilicemos la mente de Cristo y lo pongamos a Él en primer lugar en todos nuestros caminos (Proverbios 3:5-6; 1 Corintios 2:16).

*Nos engañamos a nosotros mismos cuando pensamos que somos buenos cristianos pero no controlamos lo que decimos* (Santiago 1:26). No hay nada que entristezca más a Dios que cuando hablamos mal de los demás en lugar de edificarlos con nuestra palabra. Nunca debemos usar la lengua para menospreciar a otros. Por el contrario, debemos edificarnos unos a otros con lo que decimos. Si nuestra forma de hablar está fuera de control, nos engañamos a nosotros mismos al creer que tenemos nuestra vida espiritual en orden.

*Nos engañamos a nosotros mismos cuando pensamos que nuestro pecado no tendrá consecuencias* (Gálatas 6:7). Como cristianos, a veces pensamos que tenemos privilegios especiales, que nuestros pecados no tendrán efectos malos. Lo cierto es que tenemos que vivir con los resultados y consecuencias de nuestros pensamientos, palabras y acciones, al igual que los incrédulos.

*Nos engañamos a nosotros mismos cuando pensamos que las personas que viven totalmente en pecado son cristianas* (1 Corintios 6:9-10). Kate, una compañera de trabajo mía (de Neil), entró un día a la oficina devastada por completo. Acababa de enterarse de que su hermana mayor, que la había llevado a Cristo, se había alejado de Dios y estaba viviendo una relación lésbica. «Mi estilo de vida no marca ninguna diferencia», había argumentado la hermana de Kate. «Dios me ama y estoy perdonada». Kate estaba angustiada y confundida.

Le mostré 1 Corintios 6:9-10: «¿No saben que los que hacen eso no tendrán parte en el reino de Dios? Sépanlo bien. Los que llevan vidas inmorales —los fornicarios, los idólatras, los adúlteros, los homosexuales— no tendrán parte en el reino de Dios» (LBD). La hermana de Kate y otras personas como ella están engañadas. Vivir una vida constantemente pecaminosa es una fuerte evidencia de que una persona no tiene una buena relación con Dios. Estamos engañados por completo si creemos que nuestro caminar no tiene que alinearse con nuestra conversación.

*Nos engañamos a nosotros mismos cuando pensamos que siempre podemos juntarnos con personas malas sin que influyan en nosotros* (1 Corintios 15:33). Mi cuñado (el de Dave) se crio en un hogar cristiano fuerte y amoroso, por lo que pensó que podía juntarse con gente impía y no verse afectado. Sin embargo, se alejó tanto de sus valores que se convirtió en parte de un vicioso grupo de odio llamado cabezas rapadas.

¿Significa esto que no debemos ministrar a quienes tienen una mala moral? No, debemos hablarles de Cristo. En cambio, si pasamos todo nuestro tiempo en su territorio, a la larga nuestro ministerio se agotará y nuestra moralidad se verá afectada para peor. La buena noticia le llegó a mi cuñado cuando un joven pastor de jóvenes negros se atrevió a acercársele. A mi cuñado, que solía ser un supremacista blanco, lo llevó de nuevo a Cristo un seguidor negro de Jesús, ¡y ahora está casado con una chica hispana!

## CUIDADO CON LOS FALSOS PROFETAS Y MAESTROS

Elvin estaba desanimado y derrotado. Vino a verme (Neil), pues durante varios años había creído que tenía un don especial de profecía de Dios. Sin embargo, al cabo de unos meses, su vida personal empezó a desmoronarse. Al final, Elvin llegó a un punto en el que comenzó a alejarse por completo de la gente. Era esclavo de los medicamentos recetados y se había apartado de la sociedad.

Elvin y yo leímos 1 Tesalonicenses 5:19-21: «No apaguen el Espíritu, no desprecien las profecías, sométanlo todo a prueba, aférrense a lo bueno» (NIV®). Le dije:

—Elvin, no estoy en contra de la profecía —le dije—; es un don espiritual. Aun así, Satanás puede producir falsos dones espirituales y engañarnos haciéndonos creer que vienen de Dios. Por eso las Escrituras nos instruyen a que pongamos todo a prueba.

Después de una larga discusión acerca de los falsos profetas y maestros, Elvin admitió:

—Creo que mis problemas comenzaron cuando no pude probar los "dones" de lenguas y profecías que me concedieron los que ahora sé que son falsos maestros. No solo me engañaron, sino que yo engañé a otros.

—¿Estarías dispuesto a poner a prueba tu don de lenguas? —le pregunté y le aseguré que estaba interesado en probar al espíritu, no a él.

En realidad, Elvin quería estar libre de engaño y estar a bien con Dios.

—Sí —me respondió.

Le pedí a Elvin que comenzara a orar en voz alta en su «lenguaje espiritual». Cuando empezó a cantar en un idioma que no podía entender, le dije:

—"En el nombre de Cristo y en obediencia a la Palabra de Dios, te ordeno, espíritu, que te identifiques".

Elvin se detuvo en medio de su canto y dijo:

—Yo soy él.

—¿Eres tú ese "él" que fue crucificado, sepultado, resucitado al tercer día y que ahora está sentado a la diestra del Padre? —continué.

—¡No! ¡Él no! —respondió casi a gritos.

Guie a Elvin a través de una oración renunciando a la actividad de Satanás en su vida, y quedó libre de ese engaño.

No estamos en contra de los dones espirituales, ni siquiera los de profecía y lenguas. Sin embargo, estamos comprometidos a obedecer las Escrituras. En 1 Corintios 14:39 se nos dice: «Con todo corazón deseen profetizar y no prohíban que se hable en lenguas» (NTV). No obstante, las Escrituras también requieren que se prueben todos los dones espirituales. Los falsos profetas y maestros son populares hoy en día en todas partes, solo porque los cristianos aceptan su ministerio sin probar los espíritus que tienen detrás.

## Comparemos lo falso con lo real

En Jeremías 23, el Señor reveló a través de su profeta varias calificaciones para un verdadero profeta de Dios.

*Un verdadero profeta lleva a la gente a Dios* (versículos 16, 21-22). Cada verdadero profeta de Dios en el Antiguo Testamento fue un evangelista. El ministerio del profeta traía a la gente de regreso a Dios y su Palabra. Si te encuentras con alguien que dice ser un profeta, pero que no está involucrado en llamar a las personas a un caminar recto con Dios, es posible que estés tratando con un farsante.

*Los sueños de un verdadero profeta concuerdan con la Palabra de Dios* (versículos 25, 28). En la Biblia, Dios a menudo le hablaba a la gente a través de los sueños de personas piadosas. En estos versículos, Dios compara los sueños con la paja y su Palabra con el grano. Si le das paja al ganado, morirá. Dormirán sobre ella, pero no la comerán porque no tiene nutrientes. De la misma manera, los sueños tienen algún valor, pero nunca deben igualarse a la Palabra de Dios como la base de nuestra fe o de nuestro caminar. Los sueños deben contrastarse con la Palabra de Dios; nunca al revés.

*El mensaje de un verdadero profeta mueve a la gente a reconciliarse con Dios* (versículo 29). Jeremías escribe: «¿No es mi palabra como fuego —declara el SEÑOR— y como martillo que despedaza la roca?». La voz de un profeta debe ser como fuego consumidor y como martillo demoledor. Un mensaje profético debería, de forma amorosa, motivar a la gente a la justicia y llamarla con claridad a dejar su pecado (1 Pedro 4:17).

*El verdadero profeta recibe su mensaje de Dios, no de otras personas* (versículos 30-31). Tomar lo que Dios le dio a otra persona y usarlo como si fuera propio se llama plagio: robar las ideas de otra persona. Además, declarar que lo que dices proviene justo del Señor cuando no es así, es un golpe increíble contra Dios. ¿Alguna vez alguien se te acercó y te dijo: «El Señor me dijo que te dijera...»? Puedes responder: «¡No, no creo que lo hiciera! Si Dios quiere que yo sepa algo, puede decírmelo directamente».

Dios puede, y lo hará, animarnos y confirmarnos su Palabra a través de otras personas. Sin embargo, cuando se trata de recibir dirección para nuestra vida, «hay un solo Dios, y también un solo mediador entre Dios y los hombres, Cristo Jesús hombre» (1 Timoteo 2:5). Si alguien te dice: «Dios me dijo que te dijera...», esa persona puede estar actuando como un médium espiritual. Y la Biblia prohíbe escuchar a un médium.

## Señales y maravillas: ¿A quién es que se prueba?

Muchos jóvenes cristianos piensan que si una persona puede realizar un milagro, debe hacerlo con el poder de Dios. Él aún puede usar señales y maravillas para mostrar que su Palabra es verdadera, pero la Biblia también advierte que «habrá muchos falsos mesías y profetas que realizarán milagros portentosos para engañar, si es posible, aun a los escogidos de Dios» (Marcos 13:22, LBD). Satanás también puede realizar señales y maravillas, pero solo lo hace para desviar nuestra adoración de Dios hacia sí mismo.

## Falsificaciones en la iglesia

Los falsos profetas y los falsos maestros no son solo místicos y gurús orientales, y líderes de sectas no cristianas. El apóstol Pedro dedicó un capítulo entero en una de sus cartas a los falsos profetas y maestros que operan *dentro* de la iglesia: «Habrá también falsos maestros entre vosotros, los cuales encubiertamente introducirán herejías destructoras, negando incluso al Señor que los compró, trayendo sobre sí una destrucción repentina» (2 Pedro 2:1). Estas personas están en nuestras iglesias ahora mismo, disfrazadas de líderes cristianos.

Observa que la atracción de los falsos maestros no es sobre todo su doctrina: «Muchos los seguirán en sus prácticas vergonzosas» (versículo 2, NVI®). Pedro se refiere a cristianos que evalúan un ministerio basándose en la apariencia exterior y el encanto de sus líderes. Decimos: «Es un tipo muy agradable»; «Es una persona muy carismática»; «Es un orador dinámico de veras»; «Ella es muy dulce y parece muy sincera».

Sin embargo, nunca debemos juzgar a un ministerio o a sus líderes basándonos en su apariencia física o personalidad. La cuestión importante es si la persona proclama la Palabra de Dios como la verdad y llama a las personas a reconciliarse con Dios a través de la fe en Jesucristo.

Pedro continúa revelando dos maneras en que podemos identificar a los falsos profetas y maestros en la iglesia. En primer lugar, estarán involucrados en algún tipo de inmoralidad (versículo 10). Pueden descubrirse en actividades ilegales e inmorales que impliquen sexo, dinero o ambos. Quizá afirmen que Dios está lleno de amor y gracia, por lo que no necesitamos obedecer ninguna ley moral. Puede que su inmoralidad no sea fácil de detectar, pero a la larga saldrá a la superficie en sus vidas (2 Corintios 11:15).

En segundo lugar, los falsos profetas y maestros «desprecian la autoridad» y son «atrevidos y arrogantes» (2 Pedro 2:10, NVI®). Estas personas hacen lo suyo y no responden ante nadie. O no se someten a la autoridad de quienes los dirigen, o eligen a sus propios supuestos líderes que siempre estarán de acuerdo con cualquier cosa que quieran hacer. Cada cristiano verdadero y comprometido en un papel de liderazgo necesita someterse a sí mismo y a sus ideas a otros creyentes maduros que lo harán responsable.

## Cuidado con los espíritus engañadores

Además de advertirnos contra el autoengaño y los falsos profetas y maestros, la Biblia nos previene contra el engaño que procede de la influencia demoníaca. Pablo alertó a Timoteo: «El Espíritu dice claramente que en los últimos tiempos algunos apostatarán de la fe, prestando atención a espíritus engañadores y a doctrinas de demonios» (1 Timoteo 4:1). Juan también nos advirtió que probáramos los espíritus para saber la diferencia entre el espíritu de verdad y el espíritu de error (1 Juan 4:1-6).

Recordé (Dave) el engaño de los espíritus malignos entre los jóvenes cuando hablé con una chica llamada Ashley en un campamento de secundaria en Missouri.

—Me está visitando mi hermana muerta, Brandy —dejó escapar.

—Dime qué está pasando —le dije.

—Después de la muerte de mi hermana, mi madre solía ir a visitar la tumba de Brandy. Mamá decía que Brandy hablaba con ella allí durante horas. Pronto mamá dijo que podía ver a Brandy, que recorrió parte del camino de vuelta a casa con ella en el auto. Al final, Brandy visitó a mi madre en nuestra casa. Ahora hasta yo puedo verla y hablar con ella.

Busqué Lucas 16 en mi Biblia y le pedí a Ashley que leyera en voz alta la historia sobre el hombre rico y Lázaro (versículos 19-26).

Luego le pedí que leyera el versículo 26 por segunda vez, las palabras que Abraham en el cielo le habla al hombre rico en el infierno.

—"Hay un gran abismo puesto entre nosotros y vosotros, de modo que los que quieran pasar de aquí a vosotros no puedan, y tampoco nadie pueda cruzar de allá a nosotros" —leyó Ashley.

—Según estos versículos —le dije—, ¿la persona que los visita a ti y a tu madre es de veras tu hermana?

—No —respondió enseguida—, no puede ser, ¿verdad? Nadie puede volver de entre los muertos.

—Así es, Ashley.

—¡Pero se ve y se escucha exactamente como ella!

—Eso es solo parte del engaño de Satanás. Sus demonios son tan malvados y bajos que incluso se harán pasar por un ser querido precioso para tratar de alejarte de Dios y su Palabra".

—Ahora me doy cuenta de que esta cosa no es mi hermana y que no viene de Dios —reconoció Ashley.

Aunque la experiencia de Ashley es cada vez más común entre los jóvenes, lo más probable es que Satanás intente influir en nuestras mentes en lugar de aparecer ante nosotros. Las fuerzas demoníacas de Satanás están trabajando para tratar de contaminar nuestras mentes con mentiras, a fin de evitar que caminemos en la verdad.

El siguiente ejemplo es del tipo de oración y declaración que debemos hacer para guardarnos de los espíritus engañadores:

## Oración

*Amado Padre celestial, me comprometo sin reservas contigo. Deseo conocer y hacer tu voluntad. Te pido que me muestres la verdadera naturaleza de este espíritu, don o persona que afirma escucharte a ti. Si me ha engañado de alguna manera, te ruego que abras mis ojos ante el engaño. Señor, si estas señales o dones provienen de ti, o si esta persona la enviaste tú, con mucho gusto recibo el mensaje de que puedo crecer y ser edificado por este. En el nombre de Jesús te lo pido. Amén.*

Declaración

> *Ahora, en el nombre del Señor Jesucristo y por su autoridad, les ordeno a todos los espíritus engañadores que se aparten de mí, y renuncio y rechazo todos los dones falsos y todas las demás manifestaciones espirituales que no son de Dios.*

## DISCERNIMIENTO ESPIRITUAL

Nuestra primera línea de defensa contra el engaño de Satanás es el discernimiento. El discernimiento es ese timbre que suena dentro de ti, avisándote de que algo anda mal. El discernimiento significa hacer un juicio o una distinción. Tiene un solo propósito: distinguir el bien del mal, de modo que me motive lo bueno y elimine lo malo. En 1 Corintios 12:10, el discernimiento es la capacidad dada por Dios para distinguir un espíritu bueno de un espíritu malo. Es uno de los dones del Espíritu que debe usarse para edificar la iglesia.

El discernimiento no es un acto de la mente; es un acto del Espíritu Santo, que mora en nosotros. Cuando el Espíritu hace una advertencia, es posible que tu mente, que está diseñada para lidiar con hechos, no pueda entender lo que está mal. En cambio, cuando percibes que algo anda mal, no necesitas entenderlo para actuar según la advertencia. Solo diles a las personas que están contigo: «Me doy cuenta de que algo anda mal aquí. Vamos a pedirle a Dios que nos ayude». Luego, permite que Dios saque el problema a la luz como solo Él puede hacerlo.

Somos más vulnerables al engaño de Satanás que a cualquiera de sus otros planes. ¿Por qué? Porque cuando nos tienta o nos acusa, lo sabemos. Sin embargo, cuando nos engaña, no lo sabemos. Esa es su estrategia: mantenernos en la oscuridad. Si puede entrar en nuestros grupos de jóvenes, en nuestros hogares y en nuestras mentes sin que nadie lo note, podrá controlarnos con sus mentiras. Lo lamentable es que está haciendo justo eso en todo nuestro país, engañando a mucha gente.

No se puede desenmascarar el engaño de Satanás mediante el razonamiento humano; solo puedes hacerlo mediante la revelación de Dios. Jesús dijo: «Si vosotros permanecéis en mi palabra, verdaderamente sois mis discípulos; 32 y conoceréis la verdad, y la verdad os hará libres» (Juan 8:31-32). Jesús oró: «Santifícalos [guárdalos del mal] en la verdad; tu palabra es verdad» (Juan 17:17).

Cuando te pongas la armadura de Dios, es importante que comiences con el cinturón de la verdad (Efesios 6:14, NVI®). La luz de la verdad es la única arma válida contra las tinieblas del engaño.

Aquí tienes una alentadora carta de una joven que quedó atrapada en un engaño hasta que Aquel que rompe cadenas la liberó:

> Siempre recordaré el día en que acudí a ti en busca de consejo y oración. Desde ese día he sentido una gran libertad. Ya no hay voces ni sentimientos de pesadez en mi cerebro. Incluso disfruto de una sensación física de liberación. Satanás ha regresado muchas veces tratando de golpearme con esos viejos pensamientos, pero su dominio sobre mí se rompió.
>
> Nunca olvidaré lo que me declaraste. Dijiste que esos pensamientos negativos sobre Dios y sobre mí eran mentiras que Satanás plantó en mi mente. Dijiste que tengo el poder por medio de Jesucristo para reprender a Satanás y deshacerme de los malos pensamientos. Me ha tomado un tiempo creer de veras eso con todo mi corazón, pero últimamente he decidido contraatacar, ¡y da resultado! Ha sido maravilloso afrontar mis problemas con la cabeza despejada. Gracias por ayudarme a mí y a tantos otros a encontrar la paz y aprender a confiar, amar y creer en el Señor.

## ENCUENTRO CON LA VERDAD

### LEE

Santiago 4:7; Jeremías 23:16-31

### REFLEXIONA

1. ¿Tienes algún amigo cristiano que parezca derrotado y engañado como la niña Alicia en este capítulo? ¿Hay esperanza para las personas que se encuentran esclavizadas por las mentiras de Satanás? ¿Cuál es esa esperanza?

2. En este capítulo hablamos mucho sobre los autoengaños. ¿Cuál de estos engaños crees que es más común entre los jóvenes cristianos de hoy? ¿Con qué autoengaño luchas más?

3. ¿Cuáles son algunas de las señales de un profeta genuino? ¿Por qué los líderes cristianos deben rendirles cuentas a otros líderes en su ministerio?

4. ¿Cómo se puede identificar a un falso profeta? ¿Por qué es tan importante entender la Palabra de Dios a la hora de detectar a un falso profeta?

### RESPONDE

Revisa la lista de autoengaños de los que se habla en este capítulo. Ora por cada engaño y pídele a Dios que te revele si, a sabiendas o sin saberlo, te han engañado en cualquiera de los aspectos mencionados. Cualquier cosa que Dios te traiga a la mente, enfréntala primero confesando el engaño y, luego, renunciando a tu participación.

12

# EL PELIGRO DE LA PÉRDIDA DEL CONTROL

*El pastor de ovejas tiene el rebaño que lo sigue por cualquier parte que lo guíe; y si algunas se desvían del camino recto, y dejando los buenos pastos se apacientan en lugares estériles y escabrosos, le basta con llamar más fuerte, guiándolas de regreso y haciéndolas volver al rebaño del que se separaron. Pero si un hombre se apartara del buen camino, el pastor necesita de mucha concentración, perseverancia y paciencia. No lo puede arrastrar por la fuerza ni obligarlo con el temor, sino que por la persuasión debe hacer que vuelva a la verdad de donde se había extraviado desde el principio. Se requiere, por lo tanto, un espíritu heroico, no para desanimarse ni descuidar la salvación de los perdidos, sino para seguir pensando y diciendo: «Tal vez Dios pueda darles el conocimiento de la verdad y queden libres de la trampa del diablo».*

JUAN CRISÓSTOMO (347-407 D. C.)

Recibí la siguiente carta de una joven a la que no conozco. Sheila asistió a una de nuestras conferencias y escribió:

Estimado Neil:

Me liberaron, ¡alabado sea el Señor! Ayer, por primera vez en años, cesaron las voces. Podía escuchar el silencio. Cuando cantábamos, me oía cantar.

Durante los primeros catorce años de mi vida, viví con una madre tiránica y abusiva que nunca dijo «Te quiero» ni me abrazó cuando lloraba. No recibí afecto, ni palabras amables, ni afirmaciones, ni sentido de quién era yo, solo abusos físicos y emocionales. A los quince años, me sometieron a tres semanas de seminarios de formación Erhard [EST, por sus siglas en inglés de Erhard Seminar Training], que me destrozaron la mente en realidad. El año siguiente fue un auténtico infierno. Mi madre me echó y me fui a vivir con otra familia. Al final, me echaron también.

Tres años más tarde, encontré a Cristo. Mi decisión de confiar en Cristo se basó en gran medida en mi miedo a Satanás y al poder del mal que había experimentado en mi vida. A pesar de que sabía que Satanás había perdido su dominio sobre mí, no era consciente de lo vulnerable que todavía era a su engaño y control. Durante los primeros dos años de mi vida cristiana estuve en esclavitud a un pecado. Ni siquiera sabía que era pecado. Una vez que me di cuenta de mi pecado, se lo confesé a Dios y recibí el perdón, así que pensé que por fin estaba libre de los intentos de Satanás por controlarme. No me daba cuenta de que la batalla apenas comenzaba.

Sufrí de inexplicables erupciones, urticaria y ronchas por todo mi cuerpo. Perdí mi gozo y mi cercanía con el Señor. Ya no podía cantar ni citar las Escrituras. Me volví a la comida como mi consuelo y seguridad. Los demonios atacaron mi sentido del bien y el mal, y me involucré en la inmoralidad en mi búsqueda de identidad y amor.

Sin embargo, todo terminó ayer cuando renuncié al control de Satanás en mi vida. He encontrado la libertad y la protección que viene de saber que soy amada. No estoy en las nubes; escribo con una mente clara, un espíritu limpio y una mano tranquila. Incluso, mi anterior esclavitud a la comida de repente me parece extraña.

Nunca me di cuenta de que un cristiano podía ser tan vulnerable al control de Satanás. Me engañaron, pero ahora soy libre. ¡Gracias, gracias, Jesús!

Sheila

Sheila es un ejemplo aleccionador de un nivel de ataque espiritual del que a la mayoría de los cristianos no les gusta hablar: el control demoníaco. Como creyente, Sheila había perdido el control en sus hábitos alimenticios, en su conducta sexual y en su vida devocional. No crecía espiritualmente; estaba menguando. No cantaba ni leía las Escrituras, pues estaba bloqueada para hacerlo.

Casi todos nosotros estamos de acuerdo en que los cristianos son blancos claros de la tentación, la acusación y el engaño del enemigo. Así que, por alguna razón, dudamos en admitir que los cristianos pueden perder el control de sus vidas si se rinden a las influencias demoníacas. Sin embargo, hay mucha evidencia clara en las Escrituras de que los creyentes al ceder en repetidas ocasiones a la tentación, la acusación y al engaño pueden perder su batalla contra el pecado y la adicción.

Gracias a Dios, la esclavitud demoníaca no significa propiedad satánica. Al igual que Sheila, nos compraron por la sangre del Cordero, y ni siquiera los poderes del infierno pueden arrebatarnos nuestra salvación (Romanos 8:35-39; 1 Pedro 1:17-19). Satanás sabe que nunca más podrá poseernos. En cambio, si puede engañarnos para que le entreguemos el control de nuestra vida de alguna manera, puede obstaculizar nuestro crecimiento y nuestro impacto en el mundo para Cristo. Puesto que vivimos en un mundo cuyo dios es Satanás, la posibilidad de ser tentados, engañados y acusados es continua. Si permitimos que sus estrategias influyan en nosotros, podemos perder el control en la medida en que nos haya engañado.

## SANTOS EN ESCLAVITUD

Es muy importante que entendamos que los cristianos son el blanco de la influencia demoníaca. Quienes dicen que un demonio no puede afectar la vida de un creyente nos han dejado con solo dos posibles respuestas a los problemas que enfrentamos: O nosotros somos la causa o lo es Dios. Si nos culpamos a nosotros mismos, nos sentimos desesperanzados debido a que no podemos hacer nada para detener lo que hacemos. Si culpamos a Dios, nuestra confianza en Él como Padre amoroso se hace añicos. De cualquier manera, no tenemos ninguna posibilidad de obtener la victoria que nos promete la Biblia.

En realidad, estamos en una guerra que se puede ganar contra poderes demoníacos del derrotado reino de las tinieblas. No obstante, si Satanás puede hacer que creas una mentira, puede controlar tu vida.

Aquí tienes varias indicaciones de la Biblia de que los creyentes pueden caer bajo la esclavitud de la influencia demoníaca.

*Lucas 13:10-17*. Mientras Jesús enseñaba en la sinagoga (el lugar judío de culto y estudio), «había allí una mujer que durante dieciocho años había tenido una enfermedad causada por un espíritu; estaba encorvada, y de ninguna manera se podía enderezar» (versículo 11). El versículo 16 afirma que su discapacidad física se debía a la esclavitud satánica. Esta mujer no era incrédula. Era una mujer de fe temerosa de Dios con un problema espiritual. En cuanto Jesús la liberó de la esclavitud, se sanó su problema físico.

Nota que esta mujer no estaba protegida del control demoníaco por estar dentro de la sinagoga. Las paredes de una iglesia tampoco pueden protegernos de la influencia demoníaca. Si las paredes de yeso no son una barrera para Satanás, ¿crees que tu piel lo es? El mundo espiritual no está sujeto a tales barreras naturales.

Sí, este evento ocurrió antes de la cruz. Sin embargo, es una indicación de que los creyentes pueden verse afectados físicamente por los demonios.

*Lucas 22:31-34*. El apóstol Pedro es un ejemplo de un creyente que de manera temporal perdió el control ante Satanás. Jesús le dijo: «Simón, Simón, mira que Satanás os ha reclamado para zarandearos como a trigo» (versículo 31). ¿Qué derecho tenía Satanás para hacer tal demanda? Al parecer, Pedro le había dado a Satanás una puerta abierta a través del orgullo cuando discutía con los discípulos sobre cuál de ellos era el mayor (Lucas 22:24). Aunque Pedro tenía la intención de todo corazón de permanecer junto a su Maestro hasta la muerte (versículo 33), Jesús declaró que Pedro lo negaría tres veces (versículo 34), y así lo hizo. Es alentador saber que Jesús ya había orado por la recuperación exitosa de Pedro (versículo 32).

*Efesios 6:10-17*. Estos versículos contienen el fuerte aliento de Pablo a los creyentes a ponerse «toda la armadura de Dios para poder mantenerse firmes contra todas las estrategias del diablo» (versículo 11, NTV). ¿Cuál es el propósito de la armadura? Impedir que las flechas del enemigo penetren en el cuerpo e hieran al soldado. Si fuera imposible que las flechas de Satanás nos penetraran, no sería necesario que nos pusiéramos la armadura. La enseñanza de Pablo sobre la armadura espiritual sugiere que es posible que el enemigo penetre en nuestras vidas y obtenga cierto control.

*Santiago 3:14-16*. Santiago nos dice que si cedemos a los celos y a la ambición egoísta, podemos exponernos a que nos controle la sabiduría que es «terrenal, natural, diabólica» (versículo 15).

*1 Timoteo 4:1-3*. Pablo escribió: «Algunos apostatarán de la fe, prestando atención a espíritus engañadores y a doctrinas de demonios» (versículo 1). Satanás puede engañar tu mente en los aspectos donde eres vulnerable a su control. Las evidencias de control mencionadas aquí son las prácticas no bíblicas en los casos de hábitos alimenticios y el matrimonio (versículo 3).

*1 Corintios 5:1-13*. Este pasaje contiene la enseñanza de Pablo sobre un cristiano que vivía con la esposa de su padre (versículo 1).

Era un hombre tan engañado por Satanás y controlado por la inmoralidad que, al parecer, se jactaba de su relación pecaminosa delante de toda la iglesia. El juicio de Pablo al respecto fue severo: «Entreguen a este hombre a Satanás para destrucción de su carne a fin de que su espíritu sea salvo en el día del Señor» (versículo 5, NVI®). Pablo dejó que Satanás hiciera de las suyas con el hombre durante un tiempo, con la esperanza de que por fin dijera «Ya tuve suficiente» y se arrepintiera.

Algunas personas se preguntan si alguien que vive de manera tan profunda en pecado es de veras cristiana. No obstante, si este hombre no hubiera sido cristiano, Pablo no lo hubiera corregido, pues la iglesia solo debe disciplinar a sus miembros, no a los no creyentes. Este hombre era un creyente (al menos Pablo lo trataba como tal) que se había dejado atrapar en el pecado sexual. La esperanza de Pablo era que experimentara las consecuencias naturales de su pecado, se arrepintiera y se librara de su esclavitud.

*Efesios 4:26-27*. Pablo instruyó: «"Si se enojan, no pequen". No permitan que el enojo les dure hasta la puesta del sol ni den cabida al diablo» (NIV®). La palabra *cabida* significa literalmente un «lugar». Pablo dice que podemos darle al diablo un lugar en nuestras vidas si no decimos la verdad con amor y controlamos nuestras emociones. El enojo que se convierte en amargura y falta de perdón es una puerta abierta para Satanás (2 Corintios 2:10-11).

*1 Pedro 5:6-9*. Pedro advirtió: «Su enemigo el diablo ronda como león rugiente, buscando a quién devorar» (versículo 8, NVI®). La palabra *devorar* significa tragar. Ser devorado por algo de seguro que transmite la idea de que controla. Si Satanás no puede controlar a los creyentes, Pedro no necesitaría advertirnos sobre esa posibilidad.

La advertencia de Pedro sugiere dos condiciones que pueden hacer que un creyente sea vulnerable al control de Satanás. En el versículo 6, se nos anima a humillarnos ante el Señor. Pedro indica que siempre que resistimos al orgullo, resistimos a Satanás. Y los versículos 7 y 8 sugieren que si no aprendemos a depositar nuestras preocupaciones en el Señor, nos convertimos en presa fácil.

*Hechos 5:1-11.* Los miembros de la joven iglesia de Jerusalén vendían libremente sus propiedades y daban las ganancias a los apóstoles, a fin de que se utilizaran en el ministerio. «Pero cierto hombre llamado Ananías, con Safira su mujer, vendió una propiedad, y se quedó con parte del precio, sabiéndolo también su mujer; y trayendo la otra parte, la puso a los pies de los apóstoles. Mas Pedro dijo: Ananías, ¿por qué ha llenado Satanás tu corazón para mentir al Espíritu Santo, y quedarte con parte del precio del terreno? [...]. No has mentido a los hombres sino a Dios» (versículos 1-4).

El problema no era que Ananías y Safira se quedaran con parte del dinero, sino que mintieron al respecto. Al parecer, dijeron que lo que dieron era la cantidad total que recibieron. La consecuencia del pecado de la pareja fue inmediata y aleccionadora: Murieron en el acto (versículos 5, 10).

Este acontecimiento tuvo lugar dentro de la iglesia cristiana y, como es obvio, Ananías y Safira eran miembros. ¿Por qué Dios juzgó de manera tan considerable a Ananías y Safira en los difíciles primeros días de la iglesia? Porque Él sabía cuál iba a ser la verdadera batalla para la iglesia. Todavía es verdad hoy en día: si Satanás puede entrar en tu iglesia, en tu hogar o en ti sin que lo detecten y convencerte de que creas una mentira, puede controlar tu vida.

Hechos 5:11 dice: «Un gran temor se apoderó de toda la iglesia» (NVI®). Si Dios estaba juzgando a alguien *fuera* de la iglesia, ¿por qué vendría gran temor sobre los que estaban *dentro* de la iglesia? Hubo gran temor entre los *creyentes* debido a que Dios mostró de manera impresionante lo que piensa acerca de los *creyentes* que viven una mentira.

Este duro castigo demostró que Dios enfatizaba la importancia de la verdad en la comunidad de creyentes. Los incrédulos mienten todo el tiempo, pero no mueren como Ananías y Safira. Dios comunicó desde el principio en la historia de la iglesia que nuestro principal problema no son las drogas, el sexo ni las falsas religiones; es ceder al engaño de Satanás.

El problema de Ananías fue que permitió que el engaño de Satanás llenara (controlara) su corazón. La palabra *llenado* en

Hechos 5:3 es la misma que se utiliza en Efesios 5:18: «Sed llenos del Espíritu». Es posible que los creyentes sean llenos de engaño satánico o llenos del Espíritu. Cualquiera que sea la fuente a la que nos sometamos, esa fuente nos llenará y controlará. Cuando permitimos que Satanás nos engañe en cualquier aspecto de nuestra vida, estamos abiertos a su control en esto.

## ¡EL DIABLO NO TE OBLIGÓ A HACERLO!

No podemos culpar por completo a Satanás de la caída de Ananías y Safira. Debemos recordar que estos dos creyentes participaron de forma voluntaria en la mentira que los llevó a la muerte. Pedro les preguntó de manera individual: «¿Por qué concebiste este asunto en tu corazón?»; «¿Por qué os pusisteis de acuerdo para poner a prueba al Espíritu del Señor?» (Hechos 5:4, 9). Sí, Satanás llenó sus corazones de engaño y ejerció cierto control sobre ellos en su pecado. Aun así, solo pudo hacerlo debido a que, en algún momento, Ananías y Safira le abrieron la puerta.

Nunca le creas a alguien que dice: «El diablo me obligó a hacerlo». No, no nos obligó a hacerlo; *nosotros* le permitimos hacerlo. En algún momento, decidimos darle cabida al diablo. Solo se aprovechó de la oportunidad que le dimos. Tenemos todos los recursos y la protección que necesitamos para vivir una vida victoriosa en Cristo cada día. Si no la vivimos, es nuestra elección. Cuando le dejamos una puerta abierta al diablo al no resistirnos a la tentación, la acusación o el engaño, él entrará por ella. Y si seguimos permitiéndole el acceso a ese lugar, acabará controlándola. No perderemos nuestra salvación, pero sí nuestra victoria diaria.

Hoy en día, muchos jóvenes cristianos que no pueden controlar sus vidas en algún ámbito, se sientan para culparse a sí mismos en lugar de resolver el problema. Se regañan y castigan por no tener la fuerza de voluntad para romper con un mal hábito cuando en lugar de eso deberían estar resistiendo a Satanás en un lugar donde les ha robado el control. Cualquier cosa mala que no puedas dejar de hacer, o cualquier cosa buena que no puedas obligarte a hacer, es un lugar de esclavitud.

## SI NO SOMOS RESPONSABLES, PERDEREMOS EL CONTROL

Antes, analizamos la protección del creyente frente al ataque demoníaco. Debemos asumir nuestra responsabilidad, pues esta protección no es algo que podamos dar por sentado. La protección de Dios depende de nuestra voluntad de aplicar la protección que Él nos provee.

En Romanos 13:14 se nos dice: «Revístanse ustedes del Señor Jesucristo y no se preocupen por satisfacer los deseos de la carne» (NVI®). Sin embargo, ¿qué pasa si *hacemos* provisión para la carne dándole a Satanás una oportunidad en nuestra vida a través del pecado? ¿Tenemos protección ilimitada contra la invasión de Satanás, sin importar lo que hagamos? No, debemos hacer lo que Dios nos dice, a fin de poder aprovechar su protección.

Santiago 4:7 nos dice: «Resistid pues, al diablo y huirá de vosotros». ¿Qué pasa si no le resistimos? ¿Está obligado a huir de nosotros si no nos oponemos a él? No, si no lo resistimos, no tiene por qué irse. La protección de Dios en este aspecto está garantizada, pero activamos esa protección resistiendo a Satanás.

Efesios 6:10-17 describe la armadura de Dios que se nos instruye a ponernos para «mantenerse firmes contra todas las estrategias del diablo» (versículo 11, NTV). Entonces, si vamos a la batalla sin nuestra armadura, ¿nos protegerá Dios de ser heridos? No, si no nos cubrimos con la armadura que Dios ha provisto, somos vulnerables en esas partes expuestas.

Santiago 4:1 nos dice que nuestras guerras y nuestros conflictos vienen de las pasiones que combaten dentro de nosotros. Pablo nos instruye: «No permitan ustedes que el pecado reine en su cuerpo mortal ni obedezcan a sus malos deseos» (Romanos 6:12, NVI®). El mundo, la carne y el diablo están siempre en guerra contra la vida del Espíritu dentro de nosotros. Sin embargo, ¿qué pasa si no contraatacamos? ¿Seguiremos victoriosos sobre los malos deseos que intentan gobernarnos? No, nos controlarán si no logramos detener su invasión resistiendo a Satanás.

Elegir la verdad, vivir una vida justa y ponerse la armadura de Dios es la responsabilidad individual de cada creyente. Mamá y papá, tu pastor y tu líder de jóvenes no pueden asumir tu responsabilidad. Pueden orar por ti, animarte en la fe y apoyarte. Entonces, si vas a la batalla sin ponerte tu armadura, puedes salir herido. Los que te aman pueden preocuparse mucho por ti, pero no pueden tomar esas decisiones de responsabilidad en tu lugar. Esas opciones son solo tuyas.

En este punto, quizá estés pensando como el apóstol Pablo en Romanos 7:15: «No practico lo que quiero, sino que hago lo que aborrezco». Te das cuenta de que has sido blanco de la tentación, la acusación y el engaño de Satanás. No has estado resistiendo a Satanás como deberías. Te preguntas: «¿Estoy atrapado en mis problemas? Le he dejado la puerta abierta a Satanás y él se ha aprovechado de mí. ¿Puedo sacarlo de los lugares en los que se ha metido?

¡La respuesta es sí! Jesucristo es Aquel que rompe las cadenas. Sin embargo, para experimentar su libertad, debemos encontrar las puertas que dejamos abiertas a través de las cuales entró Satanás. Debemos decir: «Señor, confieso que soy responsable de darle cabida a Satanás en mi vida, y renuncio a la relación con él que me ha llevado a la esclavitud». A este proceso lo llamamos «Los pasos hacia la libertad en Cristo». ¿Estás preparado para ser libre? El capítulo 13 te guiará a través de los Pasos y, entonces, serás libre en verdad.

## ENCUENTRO CON LA VERDAD

### LEE

Romanos 6:12; 13:14; Efesios 6:10-17

### REFLEXIONA

1. En este capítulo, dimos algunos ejemplos bíblicos de santos que perdieron el control y permitieron la influencia del enemigo. ¿Cómo engañaron al apóstol Pedro? (Para obtener ayuda, consulta Lucas 22:31-34).
2. ¿De qué manera engañó Satanás a Ananías y Safira? ¿Qué cuestión principal preocupaba a Dios? (Para obtener ayuda, consulta Hechos 5:1-11).
3. ¿Qué conocimientos obtuviste que te ayudarán a mantenerte libre de cualquier engaño o control demoníaco?
4. ¿Qué protección nos da Dios contra los engaños y el control de Satanás?

### RESPONDE

Ora y pídele a Dios que revele a tu mente cualquier momento en el que quizá te rindieras al engaño de Satanás y fallaras en resistirlo, fallaras en ponerte la armadura de Dios o permitieras que el pecado reinara en tu vida. Asegúrate de confesar y renunciar a cualquier hecho que te venga a la mente. Luego, invita al Espíritu Santo a que te guíe. Ahora, relájate, Jesús tiene el control total.

TERCERA PARTE

# ¡CAMINA EN LIBERTAD!

*Es un Rey manso que admite a los enlutados en su presencia, un Rey de personas pobres y afligidas [...]. ¿Qué debemos aprender de esto sino a «acercarnos confiadamente al trono de la gracia» (Hebreos 4:16) en todas nuestras tristezas? [...] ¿Estás cascado? Ten confianza, te llama. No escondas tus heridas, ábrelas todas ante Él y no sigas el consejo de Satanás. Acude a Cristo, aunque sea temblando como la pobre mujer que dijo: «Si tocare solamente su manto» (Mateo 9:21). Seremos sanados y recibiremos una respuesta clemente.*

**RICHARD SIBBES (1577-1636 D. C.)**

13

# LOS PASOS HACIA LA LIBERTAD EN CRISTO

*Señor Jesús, abre nuestros ojos para que conozcamos a nuestro enemigo y sus artimañas. Permítenos que lo veamos a él y su reino, a fin de que le temamos a todo lo que es suyo. Y abre nuestros ojos para que veamos cómo lo venciste, y cómo en ti somos invencibles. Oh, enséñanos lo que es estar en ti, mortificar todo lo que sea el simple ego y la voluntad de la carne, y ser fuertes en la debilidad y la humildad. Y enséñanos a llevar en oración el conflicto de la fe contra toda fortaleza de Satanás, pues sabemos que lo herirás bajo nuestros pies. Amén.*

**ANDREW MURRAY (1828-1917 D. C.)**

Si recibiste a Cristo como tu Salvador personal, Él te liberó del pecado y del poder de Satanás mediante su victoria en la cruz y su resurrección. Entonces, si no experimentas libertad en tu vida diaria, quizá sea porque no te has dado cuenta de quién eres en Cristo y no te has opuesto al diablo y sus mentiras. Tu responsabilidad es hacer todo lo necesario para mantener una buena relación con Dios. Tu relación eterna con Dios no está en juego; estás seguro y protegido en Cristo. Sin embargo, tu victoria diaria en Él será, en el mejor de los casos, inestable si no reclamas y mantienes tu libertad.

En este capítulo queremos presentar siete pasos que debes seguir para experimentar la plena libertad y victoria que Cristo compró para ti en la cruz. No esperes que otra persona siga estos pasos por ti. Esto es algo que solo tú debes hacer, aunque recomendamos de manera encarecida que un cristiano maduro se siente contigo mientras sigues estos pasos (un padre, un amigo de confianza, un pastor o líder de jóvenes, un consejero u otra persona en quien confíes). Tu libertad será el resultado de lo que elijas creer, confesar, perdonar, renunciar y abandonar. Nadie puede creer por ti. La batalla por tu mente solo puede ganarse si eliges personalmente la verdad.

Mientras sigues estos pasos, puedes experimentar pensamientos como «Esto no va a resultar» o «Dios no me ama». Esas son mentiras del enemigo. Solo pueden detenerte si las crees. Si sigues estos pasos solo, no les prestes atención a las mentiras de Satanás. Si otro cristiano está trabajando contigo como te recomendamos, dile a esa persona cualquier pensamiento que te tiente a darte por vencido. En cuanto descubras la mentira, el poder de Satanás se rompe.

Recuerda que Satanás solo se derrotará si te le enfrentas en voz alta. No tiene que obedecer tus pensamientos. Solo Dios sabe a la perfección lo que pasa por tu mente. A medida que das cada paso, es importante que te sometas a Dios en tu corazón y que luego resistas al diablo leyendo en voz alta cada oración y declaración (Santiago 4:7).

Aquí tienes una oración para comenzar. Repítela en voz alta de corazón:

> *Amado Padre celestial, sé que estás presente en esta habitación y en mi vida. Solo tú eres omnisciente, omnipotente y omnipresente. Te necesito con urgencia, pues sin Jesús no puedo hacer nada.*
>
> *Creo en la Biblia porque me dice lo que es verdad en realidad. Me niego a creer las mentiras de Satanás. Estoy firme en la verdad de que toda autoridad en el*

*cielo y en la tierra se le ha dado al Cristo resucitado. Te pido que protejas mis pensamientos y mi mente, que me llenes de tu Espíritu Santo y que me guíes a toda verdad. Te pido tu total protección. Te lo ruego en el nombre de Jesús, amén.*

Si un amigo o consejero cristiano está contigo, puede declararte lo siguiente; o de lo contrario, decláralo tú mismo en voz alta:

*En el nombre y la autoridad del Señor Jesucristo, les ordenamos a Satanás y a todos los espíritus malignos que suelten a* [nombre] *para que* [nombre] *pueda ser libre de conocer y elegir hacer la voluntad de Dios. Como hijos de Dios sentados con Cristo en los cielos, estamos de acuerdo en que todo enemigo del Señor Jesucristo esté obligado a guardar silencio en* [nombre]. *Les decimos a Satanás y a todos sus malvados trabajadores que no pueden causar ningún dolor ni de ninguna manera detener o impedir que la voluntad de Dios se haga hoy en* [nombre].

## PRIMER PASO: FALSO CONTRA VERDADERO

El primer paso para experimentar tu libertad en Cristo es renunciar (rechazar en voz alta) toda participación (pasada o presente) con enseñanzas o prácticas ocultistas de sectas o de falsas religiones. Se debe renunciar a la participación en cualquier grupo que niegue que Jesucristo es el Señor o que eleve cualquier enseñanza o libro al nivel o por encima de la Biblia. Además, debe renunciarse a grupos que exigen iniciaciones, ceremonias, votos, pactos o convenios misteriosos o secretos. Dios no toma a la ligera la guía falsa. «En cuanto a la persona que vaya a los médium o a los espiritistas [...] también pondré mi rostro contra esa persona y la cortaré de entre su pueblo» (Levítico 20:6). Pídele a Dios que te guíe de la siguiente manera:

*Amado Padre celestial, permíteme recordar cualquier cosa que haya hecho, de forma consciente o inconsciente, que involucre enseñanzas o prácticas de ocultismo, sectas o religiones falsas. Concédeme la sabiduría y la gracia para renunciar a todos y cada uno de los engaños espirituales, y a las enseñanzas y prácticas religiosas falsas. Te lo pido en el nombre de Jesús. Amén.*

El Señor puede traerte a la mente eventos que has olvidado, incluso experiencias en las que participaste como un juego o como parte de una broma. El propósito es renunciar a todas las prácticas espirituales falsas y sus creencias que Dios te traiga a la mente. Comienza este Paso procesando las siguientes diez preguntas:

1. ¿Tienes ahora, o tuviste alguna vez, un amigo imaginario, un espíritu guía, un «ángel» que te ofrece dirección o compañía? Si tiene nombre, renuncia a este por su nombre. Renuncio...

2. ¿Has visto o has tenido contacto alguna vez con seres que pensaste que eran extraterrestres de otro mundo? Debes identificar y renunciar a tales engaños. Renuncio...

3. ¿Alguna vez has oído voces, o has pensado cosas indeseables y constantes como: *Soy un tonto, Soy feo, Nadie me ama, No puedo hacer algo bien hecho*, como si fuera una conversación en tu cabeza? Si es así, renuncia a esos espíritus engañadores y las mentiras que has creído. Renuncio...

4. ¿Alguna vez te han hipnotizado, has asistido a un seminario de la Nueva Era, has consultado a un psíquico, médium o espiritista? Renuncia a toda falsa profecía específica y a la dirección que te dieron. Renuncio...

5. ¿Has hecho alguna vez un pacto secreto o promesa a una organización o persona que no sea Dios, o has hecho

alguna promesa interna contraria a la Escritura como: «Yo nunca...»? Renuncia a todas esas promesas. Renuncio...

6. ¿Has tomado parte en rituales satánicos o has asistido a un concierto donde el enfoque estaba en Satanás? Renuncia a Satanás, a todas sus obras y a todos sus caminos. Renuncio...

7. ¿Has hecho sacrificios a ídolos, falsos dioses o espíritus? Renuncia a cada uno de ellos. Renuncio...

8. ¿Has asistido a algún evento religioso falso o entrado en un templo no cristiano que requería tu participación en sus prácticas religiosas, como lavarte las manos o quitarte los zapatos? Confiésalo y renuncia a tu participación en la adoración falsa. Confieso y renuncio...

9. ¿Alguna vez has consultado a un chamán o brujo curandero con el propósito de manipular el mundo espiritual a fin de proferir maldiciones, buscar sanidad psíquica o dirección? Debes renunciar a toda esta actividad. Renuncio...

10. ¿Has tratado alguna vez de comunicarte con los muertos para enviar o recibir mensajes? Renuncia a estas prácticas. Renuncio...

Continúa este paso usando este «Inventario de experiencias espirituales no cristianas» como guía. Luego, haz la oración que sigue para renunciar a cada actividad o grupo que el Señor te traiga a la mente. Quizá te revele algunas experiencias falsas que no estén en la lista. De manera específica, percátate de la necesidad de renunciar a las prácticas religiosas no cristianas que fueron parte de tu cultura mientras crecías. Si estás haciendo estos Pasos por tu cuenta, renuncia a ellas en oración y en voz alta.

## Inventario de experiencias espirituales no cristianas

Marca todas en las que has participado de manera directa o indirecta, incluyendo la participación a través de las aplicaciones, sitios web o plataformas de redes sociales:

### RELIGIONES, PRÁCTICAS O JUEGOS OCULTISTAS

- ☐ Wicca
- ☐ paganismo
- ☐ adoración de la naturaleza (Madre Tierra)
- ☐ adoración a los antepasados
- ☐ brujería/hechicería
- ☐ espiritismo/animismo/religiones folclóricas
- ☐ satanismo
- ☐ predicción del futuro/adivinación
- ☐ canalización/chacras
- ☐ espíritus sexuales
- ☐ trances
- ☐ espíritus guías
- ☐ clarividencia
- ☐ experiencias fuera del cuerpo
- ☐ magia negra y blanca
- ☐ consulta a médiums y canalizadores
- ☐ sesiones y círculos espiritistas/mesas giratorias
- ☐ cartas del tarot
- ☐ encantamientos y maldiciones
- ☐ reiki
- ☐ quiromancia
- ☐ astrología/horóscopos
- ☐ tabla güija
- ☐ juego de cartas Magic/El encuentro
- ☐ María la Sanguinaria
- ☐ Charlie

- ☐ escritura automática
- ☐ vara y péndulo (radiestesia)
- ☐ pactos de sangre
- ☐ ligero como una pluma
- ☐ otros (anótalos)

## SECTAS

- ☐ mormonismo
- ☐ Testigos de Jehová
- ☐ francmasonería (masonería)
- ☐ Iglesia de la Cienciología
- ☐ Ciencia Cristiana
- ☐ otros (anótalos)

## OTRAS RELIGIONES, FILOSOFÍAS Y PRÁCTICAS

- ☐ unitarismo/universalismo
- ☐ budismo zen
- ☐ islamismo
- ☐ hinduismo
- ☐ bahaísmo
- ☐ meditación trascendental
- ☐ terapia de reencarnación/ regresión a vidas pasadas
- ☐ yoga
- ☐ artes marciales
- ☐ telepatía/control mental
- ☐ hipnosis
- ☐ otros (anótalos)
- ☐ Control mental Silva/El secreto/Ley de la atracción

Una vez que termines de revisar y marcar la lista, confiesa y renuncia a todas las prácticas religiosas, creencias, ceremonias, votos o pactos falsos en los que participaras, haciendo en voz alta la siguiente oración. Tómate tu tiempo y sé minucioso. Dale a Dios tiempo para que te recuerde cada incidente específico, ritual, etc., según sea necesario:

> *Amado Padre celestial, confieso que participé en* [nombra de manera específica cada creencia y participación en todo lo que marcaste arriba], *y renuncio a todos esos engaños. Te pido que me llenes con tu Espíritu Santo, a fin de que me guíes tú. Gracias porque en Cristo tengo perdón. Amén.*

## SEGUNDO PASO: ENGAÑO CONTRA VERDAD

La vida cristiana se vive por fe según lo que Dios dice que es verdad. Jesús es la verdad, el Espíritu Santo es el Espíritu de verdad, la Palabra de Dios es verdad, y nosotros debemos hablar la verdad en amor (lee Juan 14:6; 16:13; 17:17; Efesios 4:15). La respuesta bíblica a la verdad es fe, sin importar que sintamos o no que lo es. Los cristianos deben abandonar toda mentira, engaño, distorsión de la verdad y cualquier otra cosa asociada con la falsedad. Creer mentiras nos mantendrá en ataduras. Optar por creer la verdad es lo que nos da libertad (Juan 8:32). David escribió: «¡Cuán bienaventurado [feliz] es el hombre [...] en cuyo espíritu no hay engaño!» (Salmo 32:2). El cristiano redimido es libre de caminar en la luz y de hablar la verdad en amor. Podemos ser sinceros y transparentes ante Dios porque somos perdonados, y Dios ya conoce nuestros pensamientos y las intenciones de nuestro corazón (Hebreos 4:12-13).

Entonces, ¿por qué no somos sinceros y confesamos nuestros pecados? La confesión significa estar de acuerdo con Dios. A la larga, las personas en esclavitud se cansan de vivir una mentira. Gracias al gran amor y perdón de Dios, podemos andar en la luz y tener comunión con Dios y con los demás (lee 1 Juan 1:7-9). Comienza este compromiso con la verdad al hacer la siguiente oración en voz alta. No dejes que pensamientos de oposición como *Esto es una pérdida de tiempo* o *Desearía creer esto, pero no puedo*, te impidan avanzar. Dios te fortalecerá cuando pongas tu confianza en Él.

> *Amado Padre celestial, tú eres la verdad, y yo deseo vivir por fe según tu verdad. La verdad me hará libre, pero de muchas maneras me han engañado el padre de mentiras, las filosofías de este mundo caído y hasta yo mismo. Decido andar en la luz, sabiendo que me amas y me aceptas tal como soy. Al considerar los aspectos de posibles engaños, invito al Espíritu de verdad que me dirija a toda verdad. Protégeme de todo engaño y «examíname, Dios, y conoce mi corazón; pruébame y conoce mis pensamientos, y ve si hay en mí camino de perversidad, y guíame en el camino eterno» (Salmo 139:23-24, RVR60). Te lo pido en el nombre de Jesús. Amén.*

¿Alguna vez has desarrollado una identidad o un estado falso o exagerado en Facebook, YouTube, Instagram u otras plataformas de redes sociales? Hoy, renuncia a estas identidades falsas, pero ten en cuenta que también debes eliminar estas publicaciones falsas de todas las plataformas que hayas creado, o nunca reclamarás la libertad total.

Considera en oración las listas de los tres ejercicios de las siguientes páginas, utilizando las oraciones al final de cada ejercicio para confesar cualquier forma en que cedieras al engaño o te defendieras de manera errónea. No es posible renovar tu mente al instante, pero el proceso de renovación nunca comenzará a menos que reconozcas tus fortalezas mentales o mecanismos de defensa, también conocidos como los patrones de la carne.

## Maneras en que te puede engañar el mundo

- ☐ Creyendo que tener abundancia de dinero y posesiones me harán feliz (Mateo 13:22; 1 Timoteo 6:10)
- ☐ Creyendo que comer, beber alcohol o usar drogas me pueden aliviar el estrés y hacerme feliz (Proverbios 23:19, 21)
- ☐ Creyendo que un cuerpo atractivo, una personalidad o imagen ficticia, suplirán todas mis necesidades de aceptación y significado (Proverbios 31:10; 1 Pedro 3:3-4)
- ☐ Creyendo que una comunidad en línea con no creyentes (o incluso creyentes) satisfará mis necesidades de relación e intimidad (Hebreos 10:24-25).
- ☐ Creyendo que puedo pecar sin sufrir las consecuencias negativas del pecado (Hebreos 3:12-13)
- ☐ Creyendo que necesito algo más que Jesús para para satisfacer mis necesidades de aceptación, seguridad e importancia (2 Corintios 11:2-4; 13-15)
- ☐ Creyendo que puedo hacer lo que quiera sin tomar en cuenta a los demás y aún ser libre (Proverbios 16:18; Abdías 3:1; 1 Pedro 5:5)
- ☐ Creyendo que los que se niegan a recibir a Jesús irán al cielo de todos modos (1 Corintios 6:9-11)
- ☐ Creyendo que me puedo asociar con malas compañías y no corromperme (1 Corintios 15:33-34)
- ☐ Creyendo que puedo leer, ver o escuchar cualquier cosa y no corromperme (Proverbios 4:23-27; Mateo 5:28)
- ☐ Creyendo que no hay consecuencias terrenales para mi pecado (Gálatas 6:7-8)
- ☐ Creyendo que debo ganarme la aprobación de ciertas personas para ser feliz (Gálatas 1:10)

☐ Creyendo que debo llegar a la medida de ciertas normas religiosas para que Dios me acepte (Gálatas 3:2-3; 5:1)

☐ Creyendo que hay muchos caminos a Dios y que Jesús es solo uno de ellos (Juan 14:6)

☐ Creyendo que debo vivir según las normas establecidas por el mundo para sentirme bien conmigo mismo (1 Pedro 2:1-12)

> *Amado Padre celestial, confieso que me he dejado engañar* [confiesa lo que marcaste arriba]. *Gracias por tu perdón, y decido creer en tu Palabra y en Jesús, quien es la Verdad. Te lo pido en el nombre de Jesús. Amén.*

## Maneras en que te puedes engañar a ti mismo

☐ Escuchando la Palabra de Dios sin hacer lo que dice (Santiago 1:22)

☐ Diciendo que no he pecado (1 Juan 1:8)

☐ Pensando que soy algo o alguien que no soy, lo que incluye tergiversar mi imagen en redes sociales como Facebook, Instagram, Tumblr, etc. (Gálatas 6:3)

☐ Pensando que soy sabio según el mundo (1 Corintios 3:18-19)

☐ Pensando que puedo ser religioso de veras, pero sin refrenar mi lengua (Santiago 1:26)

☐ Pensando que Dios es la causa de mis problemas (Lamentaciones 3)

☐ Pensando que puedo vivir con éxito sin la ayuda de nadie (1 Corintios 12:14-20)

*Amado Padre celestial, confieso que me he engañado a mí mismo al* [confiesa lo que marcaste arriba]. *Gracias por tu perdón. Me comprometo a creer solo tu verdad. Te lo pido en el nombre de Jesús. Amén.*

Con frecuencia, respondemos al dolor y al rechazo de maneras equivocadas y estas, con el tiempo, se arraigan profundamente en nuestras vidas. Es posible que necesites más discipulado/consejería para aprender a permitir que Jesús sea tu roca, fortaleza, libertador y refugio (lee el Salmo 18:1-2). Cuanto más aprendas lo amoroso, poderoso y protector que es Dios, más probabilidades tendrás de confiar en Él. Cuanto más te des cuenta de lo mucho que te ama y acepta Dios sin condiciones, más libertad tendrás para ser franco, sincero y (de forma saludable) vulnerable ante Dios y los demás.

Una de las maneras en que Satanás tergiversa el concepto de la fe es a través de la enseñanza de que hacemos que algo sea verdad al creerlo. Eso es falso. No podemos crear la realidad con nuestra mente; solo Dios puede hacerlo. Nuestra responsabilidad es enfrentar la realidad y elegir creer lo que Dios dice que es verdad. Entonces, la verdadera fe bíblica es elegir creer y actuar según lo que es verdad, debido a que Dios dice que es verdad y Él es la Verdad. La fe es algo que decides hacer, no algo que te apetece hacer. Creer algo no lo convierte en verdad; ya es verdad; por lo tanto, ¡elegimos creerlo! La verdad no está condicionada por si elegimos creerla o no.

Todo el mundo vive por fe. La única diferencia entre la fe cristiana y la fe no cristiana es el objeto de nuestra fe. Si el objeto de nuestra fe no es digno de confianza o real, ninguna cantidad de creencia lo cambiará. Por eso es que nuestra fe debe estar cimentada en la roca sólida del carácter perfecto e inmutable de Dios y la verdad de su Palabra. Durante dos mil años, los cristianos han conocido la importancia de declarar la verdad de manera verbal y pública. Lee en voz alta las «Declaraciones de la verdad» que comienzan en la página 208 y considera con sumo cuidado lo que estás profesando. Quizá te resulte útil leer estas declaraciones en voz alta todos los días durante al menos seis semanas, lo que permitirá que la verdad renueve cada vez más tu mente.

## Maneras en que nuestros miedos nos engañan

Una parte central de caminar en la verdad y rechazar el engaño es lidiar con los miedos que plagan nuestras vidas. En 1 Pedro 5:8 se nos dice que nuestro enemigo, el diablo, ronda como león rugiente, buscando gente a quien devorar. Así como el rugido de un león infunde terror en los corazones de quienes lo escuchan, Satanás utiliza el miedo para tratar de paralizar a los cristianos. Las tácticas de intimidación de Satanás están diseñadas para robarnos la fe en Dios y llevarnos a tratar de satisfacer nuestras necesidades a través del mundo o de la carne. El miedo nos debilita, nos hace ser egocéntricos y nubla nuestra mente para que lo único en que podamos pensar es en lo que nos asusta. En cambio, el miedo solo puede controlarnos si se lo permitimos.

Dios, sin embargo, no quiere que nada nos domine, ni siquiera el miedo (1 Corintios 6:12). Jesucristo debe ser nuestro único Maestro (Juan 13:13; 2 Timoteo 2:21). Para comenzar a experimentar la libertad de la esclavitud del miedo y probar la capacidad de caminar por fe en Dios, haz la siguiente oración de corazón:

> *Amado Padre celestial, te confieso que he escuchado el rugido del diablo y he dejado que el miedo me domine. No siempre he caminado por fe en ti, sino que me he centrado en mis sentimientos y circunstancias. Gracias por perdonarme mi incredulidad.*
>
> *Ahora mismo, renuncio al espíritu de miedo y afirmo la verdad de que no me has dado un espíritu de miedo sino de poder, amor y mente sana. Señor, por favor, revélale ahora a mi mente todos los miedos que me han estado controlando, a fin de que pueda renunciar a ellos y ser libre para caminar por fe en ti.*

> *Te doy gracias por la libertad que me das para caminar por fe y no por miedo. Te lo ruego en el poderoso nombre de Jesús, amén.* (Lee 2 Corintios 4:16-18; 5:7; 2 Timoteo 1:7).

La siguiente lista puede ayudarte a reconocer algunos de los miedos que el diablo ha utilizado para impedirte caminar por fe. Marca los que se aplican a tu vida. Escribe cualquier otro que el Espíritu de Dios te traiga a la mente. Luego, uno por uno, renuncia a esos miedos en voz alta, utilizando la renuncia sugerida después de la lista.

☐ Miedo a la muerte

☐ Miedo a Satanás

☐ Miedo al fracaso

☐ Miedo al rechazo de la gente

☐ Miedo a la desaprobación

☐ Miedo a volverse/ser homosexual

☐ Miedo a los problemas financieros

☐ Miedo a no casarse nunca

☐ Miedo a la muerte de un ser querido

☐ Miedo a ser un caso perdido

☐ Miedo a perder la salvación

☐ Miedo de haber cometido el pecado imperdonable

☐ Miedo a que Dios no me ame

☐ Miedo a no amar nunca ni ser amado por los demás

☐ Miedo a la vergüenza

- ☐ Miedo a ser víctima del crimen
- ☐ Miedo a que me intimiden en la escuela, el trabajo o en línea
- ☐ Miedo al matrimonio
- ☐ Miedo al divorcio
- ☐ Miedo a volverse loco
- ☐ Miedo al dolor/a la enfermedad
- ☐ Miedo al futuro
- ☐ Miedo a la confrontación
- ☐ Miedo a individuos específicos (anota sus nombres)
- ☐ Otros miedos concretos que me vienen a la mente ahora:

> *Renuncio al* [nombre del miedo], *pues Dios no me ha dado espíritu de miedo. Elijo vivir por fe en el Dios que promete protegerme y satisfacer todas mis necesidades mientras camino por fe en Él.* (Lee el Salmo 27:1; Mateo 6:33-34; 2 Timoteo 1:7).

Cuando termines de renunciar a todos los miedos específicos que has permitido que te controlen, haz la siguiente oración:

> *Amado Padre celestial, te doy gracias porque eres digno de confianza. Elijo creerte, incluso cuando mis sentimientos y circunstancias me dicen que tenga miedo. Tú me has dicho que no tema, porque estás conmigo; que no mire con ansiedad a mi alrededor, porque tú eres mi Dios. Tú me fortalecerás, me ayudarás y me sostendrás con la diestra de tu justicia. Te lo ruego con fe en el nombre de Jesús, mi Maestro, amén.* (Lee Isaías 41:10).

### Confiesa en voz alta estas «Declaraciones de la verdad»

1. Reconozco que hay un solo Dios vivo y verdadero que existe como Padre, Hijo y Espíritu Santo. Solo Él es digno de todo honor, alabanza y gloria como el Único que hizo todas las cosas y las mantiene unidas. (Lee Éxodo 20:2-3; Colosenses 1:16-17).

2. Reconozco que Jesucristo es el Mesías, el Verbo que se hizo carne y habitó entre nosotros. Creo que vino para destruir las obras del diablo, y que despojó a los poderes y autoridades, y los hizo un espectáculo público, triunfando sobre ellos. (Lee Juan 1:1, 14; Colosenses 2:15; 1 Juan 3:8).

3. Creo que Dios demostró su amor por mí en que siendo aún pecador, Cristo murió por mí. Creo que Él me libró del dominio de las tinieblas y me trasladó a su reino, y en Él tengo la redención, el perdón de los pecados. (Lee Romanos 5:8; Colosenses 1:13-14).

4. Creo que ahora soy hijo de Dios y que estoy sentado con Cristo en los lugares celestiales. Creo que soy salvo por la gracia de Dios a través de la fe, y que esto fue un regalo y no el resultado de ninguna obra de mi parte. (Lee Efesios 2:6, 8-9; 1 Juan 3:1-3).

5. Decido fortalecerme en el Señor y en el poder de su fuerza. No pongo mi confianza en la carne, porque las armas de mi contienda no son carnales, sino poderosas en Dios para la destrucción de fortalezas. Me revisto con toda la armadura de Dios. Decido estar firme en mi fe y resistir al maligno. (Lee 2 Corintios 10:4; Efesios 6:10-20; Filipenses 3:3).

6. Creo que separado de Cristo nada puedo hacer, y declaro mi total dependencia de Él. Decido permanecer en Cristo para dar mucho fruto y glorificar a mi Padre. Le declaro a Satanás que Jesús es mi Señor. Rechazo todos y cada uno de los falsos dones y obras de Satanás en mi vida. (Lee Juan 15:5, 8; 1 Corintios 12:3).

7. Creo que la verdad me hará libre y que Jesús es la verdad. Si Él me hace libre, seré verdaderamente libre. Reconozco que andar en la luz es el único camino hacia la verdadera comunión con Dios y los hombres. Por lo tanto, me levanto contra todas las mentiras

de Satanás y pongo todo pensamiento en cautiverio a la obediencia de Cristo. Declaro que la Biblia es la única norma autorizada para la verdad y la vida. (Lee Juan 8:32, 36; 14:6; 2 Corintios 10:5; 2 Timoteo 3:15-17; 1 Juan 1:3-7).

8. Decido presentar mi cuerpo a Dios como sacrificio vivo y santo, y los miembros de mi cuerpo como instrumentos de justicia. Decido renovar mi mente por la Palabra viva de Dios, a fin de probar que la voluntad de Dios es buena, agradable y perfecta. Me despojo del viejo hombre con sus malos hábitos y me visto del nuevo hombre. Declaro que soy una nueva criatura en Cristo. (Lee Romanos 6:13; 12:1-2; 2 Corintios 5:17; Colosenses 3:9-10).

9. Por la fe, decido ser lleno del Espíritu para que pueda ser guiado a toda verdad. Decido caminar en el Espíritu para no cumplir los deseos de la carne. (Lee Juan 16:13; Gálatas 5:16; Efesios 5:18).

10. Renuncio a todos mis propósitos egoístas y elijo el propósito supremo del amor. Decido obedecer los dos grandes mandamientos: amar al Señor mi Dios con todo mi corazón, con toda mi alma, con toda mi mente y con todas mis fuerzas, y a mi prójimo como a mí mismo. (Lee Mateo 22:37-39; 1 Timoteo 1:5).

11. Creo que el Señor Jesús tiene toda autoridad en el cielo y en la tierra, y que está sobre todo principado y autoridad. Estoy completo en Él. Creo que Satanás y sus demonios se me sujetan en Cristo, pues soy miembro del cuerpo de Cristo. Por lo tanto, obedezco el mandato de someterme a Dios y resistir al diablo, y le ordeno a Satanás, en el nombre de Jesucristo, que se vaya de mi presencia. (Lee Mateo 28:18; Efesios 1:19-23; Colosenses 2:10; Santiago 4:7).

## TERCER PASO: AMARGURA CONTRA PERDÓN

Si no perdonas a las personas que te hieren u ofenden, eres un blanco perfecto para los ataques de Satanás. Necesitas perdonar a los demás para que Satanás no pueda aprovecharse de ti (2 Corintios 2:10-11). Debemos perdonar a los demás, pues Dios nos ha mostrado su misericordia y nos ha perdonado (Lucas 6:36; Efesios 4:31-32).

Pídele a Dios que te recuerde a las personas que necesitas perdonar, mientras lees en voz alta la siguiente oración:

> *Amado Padre celestial, gracias por tu bondad y paciencia que me llevaron a apartarme de mi pecado. No siempre he sido amable, paciente y cariñoso con los demás, en especial con quienes me han lastimado. He estado amargado y resentido. Te entrego mis emociones y te pido que saques a la superficie todos mis recuerdos dolorosos, a fin de que pueda elegir perdonar de corazón. Te pido que me recuerdes a las personas que necesito perdonar. Te lo pido en el precioso nombre de Jesús, quien me sanará de mis heridas, amén.* (Lee Romanos 2:4; Mateo 18:35).

En una hoja de papel aparte, anota los nombres de las personas que te vengan a la mente. No te sorprendas si tus padres están entre los primeros. En el noventa y cinco por ciento de las personas a las que guiamos por estos pasos, los dos primeros nombres de la lista son sus padres.

Los dos nombres de la lista que más se pasan por alto son uno mismo y Dios. Perdonarte a ti mismo por tus faltas demuestra que aceptas la limpieza y el perdón de Dios. ¿Es apropiado perdonar a Dios? Desde luego, Él no ha hecho nada malo; no puede hacerlo. Sin embargo, tal vez clamaras a Él con una necesidad y no pareció responder, así que estás enojado con Él. Quizá necesites liberarlo por no estar a la altura de tus falsas expectativas.

Antes de orar para perdonar a las personas de tu lista, aquí tienes algunas cosas importantes que debes entender acerca del perdón:

*Perdonar no es olvidar*. Las personas que intentan olvidar el dolor causado por otros, a menudo descubren que no pueden hacerlo. Dios dice que nunca más se acordará de nuestros pecados (Hebreos 10:17). Sin embargo, Dios lo sabe todo y no puede olvidarlo. «No te acuerdes más de nuestros pecados» significa que Dios nunca usará nuestros pecados en nuestra contra (Salmo 103:12). Quizá no puedas olvidar tu pasado, pero puedes liberarte de él.

Cuando sacamos a relucir el pasado y lo usamos contra otros, no los hemos perdonado.

*El perdón es una elección.* Podemos sentir que es imposible perdonar a alguien. No obstante, como Dios exige que perdonemos, es algo que podemos hacer. Dios nunca nos exigiría que hiciéramos algo que no podemos hacer. Perdonamos eligiendo perdonar.

*Perdonar significa renunciar a la venganza.* A menudo, nos resulta difícil perdonar, pues queremos vengarnos del daño que hemos sufrido. En cambio, se nos dice que nunca debemos vengarnos (Romanos 12:19). Argumentamos: «¿Por qué voy a dejarlos libres de culpa?». Cuando perdonamos, los liberamos de nosotros, pero no de Dios. Él los tratará de manera justa, algo que nosotros no podemos hacer.

Si no liberamos a los agresores, quedaremos atados a ellos y a nuestras heridas. Podemos ponerle fin al dolor dejando ir el problema. No perdonamos a alguien solo por su bien; lo hacemos por nuestro bien para poder ser libres. Tu necesidad de perdonar no es un asunto entre tú y la persona que te hirió; es entre tú y Dios.

*El perdón es aceptar vivir con las consecuencias del pecado de otra persona.* Perdonar nos cuesta algo. Pagamos el precio del dolor que perdonamos. Vamos a vivir con las consecuencias, lo queramos o no. Nuestra única opción es si lo haremos en la esclavitud de la amargura o en la libertad del perdón.

¿Cómo perdonamos de corazón? En primer lugar, debemos admitir el dolor y el odio que sentimos, en lugar de ocultarlo en lo más profundo. Si el perdón no incluye nuestras emociones, estará incompleto. Quizá no sepas cómo lidiar con tus sentimientos, pero Dios sí. Deja que Él saque el dolor a la superficie para que puedas afrontarlo. Aquí es donde comienza la sanidad.

Puesto que Dios perdonó todos los de tu lista, tú también puedes hacerlo. Esto no significa que debas soportar el pecado continuo. Es posible perdonar los pecados del pasado y adoptar una postura contra los pecados del presente. No esperes para perdonar hasta que tengas ganas de perdonar. Nunca lo conseguirás. Los sentimientos tardan en sanar; esto sucederá después que se tome la decisión de perdonar y Satanás pierda su lugar (Efesios 4:26-27).

Por cada persona de tu lista, ora esto en voz alta:

> *Señor, perdono a* [nombre] *por* [menciona de manera específica todas sus ofensas y los recuerdos dolorosos que te vengan a la mente]. Tú me *perdonaste, así que decido perdonar a* [nombre]. *En el nombre de Jesús, amén.*

Sigue orando por cada persona hasta que estés seguro de que todo el dolor que recuerdas se superó. Los sentimientos positivos surgirán con el tiempo; liberarse de las heridas del pasado es lo importante.

## CUARTO PASO: REBELIÓN CONTRA SUMISIÓN

Vivimos en tiempos de rebelión. Hoy en día, muchos jóvenes no respetan ni se someten a las autoridades que Dios les ha puesto. Los cristianos no son la excepción. Sin embargo, rebelarse contra Dios, los padres y otras autoridades le da a Satanás la oportunidad de atacar.

La Biblia nos dice que tenemos dos responsabilidades con las autoridades humanas que Dios ha puesto sobre nosotros: orar por ellas y someternos a ellas. La única vez que Dios nos permite desobedecer a los líderes terrenales es cuando nos ordenan hacer algo moralmente malo ante Dios. Hay ocasiones en que los padres, otros familiares, maestros y otras personas abusan de su autoridad y quebrantan las leyes ordenadas por Dios para proteger a personas inocentes. En tales casos, debemos buscar ayuda para nuestra protección. Cuando las personas en autoridad abusan de sus posiciones y nos piden que violemos la ley de Dios o comprometamos nuestro compromiso con Él, debemos obedecer a Dios, no a las personas.

Estudia los siguientes versículos para comprender cómo Dios quiere que respondamos a la autoridad:

- gobierno civil (Romanos 13:1-7; 1 Timoteo 2:1-4; 1 Pedro 2:13-17)

- padres (Efesios 6:1-3)
- empleador (1 Pedro 2:18-21)
- líderes de la iglesia (Hebreos 13:17)

Ahora haz la siguiente oración en voz alta:

> *Amado Padre celestial, tú dices en la Biblia que la rebelión es tan mala como la adivinación, y la desobediencia es tan pecaminosa como servir a dioses falsos. Sé que te he desobedecido al rebelarme en mi corazón contra ti y contra las personas que has puesto en autoridad sobre mí. Te pido perdón por mi rebelión.*
>
> *Por la sangre derramada del Señor Jesucristo, resisto a todos los espíritus malignos que se aprovecharon de mi rebelión. Te ruego que lo demuestres. Te doy gracias por la libertad que me das para caminar por fe y no por miedo. En el poderoso nombre de Jesús, oro por todas las formas en que he sido rebelde. Decido adoptar un espíritu sumiso y un corazón de siervo. En el nombre de Jesucristo mi Señor, amén.* (Lee 1 Samuel 15:23).

Mientras revisas en oración la siguiente lista, permite que el Señor te muestre algunas formas específicas en las que has sido rebelde a la autoridad.

☐ Gobierno civil (incluyendo leyes de tránsito, leyes impositivas, actitud hacia los funcionarios del gobierno) (Romanos 13:1-7; 1 Timoteo 2:1-4; 1 Pedro 2:13-17)

☐ Padres, padrastros o tutores legales (Efesios 6:1-3)

☐ Profesores, entrenadores, funcionarios escolares (Romanos 13:1-4)

☐ Empleadores (pasados y presentes) (1 Pedro 2:18-23)

☐ Líderes de la iglesia (Hebreos 13:17)

☐ Dios (Daniel 9:5, 9)

Por cada manera en que el Espíritu de Dios te traiga a la mente que has sido rebelde, usa la siguiente oración para confesar ese pecado en específico:

> *Señor, confieso que he sido rebelde con* [nombre] *por* [di lo que hiciste en concreto]. *Gracias por perdonar mi rebelión. Ahora, decido ser sumiso y obediente a tu Palabra. En el nombre de Jesús te lo pido, amén.*

## QUINTO PASO: ORGULLO CONTRA HUMILDAD

El orgullo es un asesino. El orgullo dice: «¡Puedo hacerlo! Puedo salir de este lío sin la ayuda de Dios ni de nadie». ¡Ah no, no podemos! De seguro que necesitamos a Dios y nos necesitamos con urgencia unos a otros. Pablo escribió: «Nosotros [...] adoramos en el Espíritu de Dios y nos gloriamos en Cristo Jesús, no poniendo la confianza en la carne» (Filipenses 3:3). La humildad es la confianza bien puesta. Debemos fortalecernos «en el Señor y en el poder de su fuerza» (Efesios 6:10). Santiago 4:6-10 y 1 Pedro 5:1-10 nos dicen que los problemas espirituales vendrán cuando seamos orgullosos.

Utiliza la siguiente oración para expresar tu compromiso de vivir humildemente ante Dios:

> *Amado Padre celestial, tú dices que el orgullo viene antes de la destrucción y un espíritu arrogante antes de la caída. Confieso que he estado pensando sobre todo en mí y no en los demás. No me he negado a mí mismo, no he tomado mi cruz cada día y no te he seguido. He creído que soy el único que se preocupa por mí, así que debo cuidarme. Me he alejado de ti y no te he dejado amarme.*

> *Estoy cansado de vivir para mí y por mí. Ahora confieso que he pecado contra ti al anteponer mi voluntad a la tuya y al centrar mi vida en torno a mí en lugar de hacerlo en ti. Renuncio a mi orgullo y egoísmo. Cancelo cualquier terreno ganado por los enemigos del Señor Jesucristo. Te pido que me llenes de tu Espíritu Santo, a fin de poder hacer tu voluntad. Te entrego mi corazón y me opongo a todas las formas en que Satanás me ataca.*
>
> *Te pido que me muestres cómo vivir para los demás. Ahora decido hacer que otras personas sean más importantes que yo y que tú seas el más importante de todos. Te lo pido en el nombre de Cristo Jesús, mi Señor, amén.* (Lee Proverbios 16:18; Mateo 6:33; 16:24; Romanos 12:10; Filipenses 2:3).

Una vez hecho ese compromiso, permite que Dios te muestre aspectos específicos de tu vida en los que te sintieras orgulloso. Marca los que se apliquen a ti.

☐ Tengo un deseo más fuerte de hacer mi voluntad que la voluntad de Dios.

☐ Confío en mis propias fuerzas y no en las de Dios.

☐ Con demasiada frecuencia pienso que mis ideas son mejores que las de otras personas.

☐ Quiero controlar a los demás en lugar de desarrollar el dominio propio.

☐ A veces me considero más importante que los demás.

☐ A veces me resulta difícil admitir que me equivoqué.

☐ A menudo complazco a la gente en lugar de complacer a Dios.

☐ Me preocupa demasiado recibir el reconocimiento que merezco.

- ☐ A menudo pienso que soy más humilde que los demás.
- ☐ Siempre me menosprecio y el resultado es que mis pensamientos siempre están fijos en mí mismo, lo cual es una forma de orgullo.
- ☐ A menudo creo que soy más inteligente que mis padres.
- ☐ A menudo creo que mis necesidades son más importantes que las de los demás.
- ☐ Otros:

Por cada una de las declaraciones anteriores que sean ciertas en tu vida, haz la siguiente oración en voz alta:

> *Amado Padre celestial, reconozco que he sido orgulloso en* [nombra lo que señalaste arriba]. *Por favor, perdóname por mi orgullo. Decido humillarme y poner toda mi confianza en ti. En el nombre de Jesús, amén.*

## SEXTO PASO: ESCLAVITUD CONTRA LIBERTAD

Muchas veces nos sentimos atrapados en un círculo vicioso de «pecar, confesar, pecar, confesar» que parece no tener fin. Sin embargo, la Biblia nos da estas promesas: «Dios es fiel, y no permitirá que ustedes sean tentados más allá de lo que puedan aguantar. Más bien, cuando llegue la tentación, él les dará también una salida a fin de que puedan resistir» (1 Corintios 10:13, NVI®), y «sométanse a Dios. Resistan al diablo, y él huirá de ustedes» (Santiago 4:7, NVI®). Si no elegiste la vía de escape y en lugar de eso cediste al pecado, debes confesarle ese pecado a Dios, pedirle que te llene con su Espíritu Santo y resistir al diablo vistiéndote con toda la armadura de Dios (lee Efesios 6:10-20). Entonces, el diablo huirá de ti.

El pecado que se ha convertido en un hábito quizá requiera buscar la ayuda de un hermano o hermana en Cristo en quien puedas confiar. Santiago 5:16 dice: «Confiésense unos a otros sus pecados, y oren unos por otros, para que sean sanados. La oración del justo es poderosa y eficaz» (NVI®). A veces, la seguridad que encontramos en 1 Juan 1:9 es suficiente: «Si confesamos nuestros pecados, Él es fiel y justo para perdonarnos los pecados y para limpiarnos de toda maldad». Recuerda, confesar no es decir: «Lo siento». Más bien es admitir sin rodeos: «Lo hice». Ya sea que necesites ayuda de otras personas o solo la responsabilidad de andar en la luz ante Dios, haz la siguiente oración:

> *Amado Padre celestial, tú me dices que me vista del Señor Jesucristo y que no haga provisión para los deseos de la carne y sus desenfrenos. Confieso que he cedido a los deseos carnales que hacen la guerra contra mi alma. Gracias que en Cristo mis pecados ya se perdonaron, pero he quebrantado tu santa ley y he permitido que el pecado libre una guerra en mi cuerpo. Ahora, vengo a ti para confesar y renunciar a estos pecados de la carne, a fin de poder ser limpio y libre de la esclavitud del pecado. Te ruego que me reveles todos los pecados de la carne que he cometido y las formas en que he entristecido al Espíritu Santo. Te lo pido en el santo nombre de Jesús. Amén.* (Lee Romanos 6:12-13; 13-14; 2 Corintios 4:2; Santiago 4:1; 1 Pedro 2:11; 5:8).

La siguiente lista contiene muchos pecados de la carne, pero un análisis en oración de Marcos 7:20-23, Gálatas 5:19-21, Efesios 4:25-31 y otros pasajes te ayudarán a ser aún más preciso. Revisa la lista que aparece a continuación y pídele al Espíritu Santo que te recuerde los pecados que necesitas confesar. Puede que también te revele otros. Por cada pecado que el Señor te muestre, haz una oración de confesión de corazón. Hay un ejemplo de oración después de la lista.

Nota: Los pecados sexuales, la identidad de género, el aborto, las tendencias suicidas, el perfeccionismo, los trastornos alimenticios, el abuso de sustancias, el juego y la intolerancia se abordarán más adelante en este paso.

- ☐ Robo
- ☐ Celos/envidias
- ☐ Mentiras
- ☐ Odio
- ☐ Enojo
- ☐ Engaño
- ☐ Avaricia/materialismo
- ☐ Riñas/peleas
- ☐ Quejas/críticas
- ☐ Decir malas palabras
- ☐ Chismes/calumnias
- ☐ Burla cruel
- ☐ Apatía/pereza
- ☐ Borrachera
- ☐ Evitar la responsabilidad
- ☐ Otros: ____________

*Amado Padre celestial, confieso que he pecado contra ti por* [nombra los pecados]. *Gracias por tu perdón y limpieza. Ahora, me aparto de estas expresiones de pecado y me vuelvo a ti, Señor. Lléname de tu Espíritu Santo para que no lleve a cabo los deseos de la carne. Te lo pido en el nombre de Jesús. Amén.*

## LA SOLUCIÓN DEL PECADO SEXUAL

Nuestra responsabilidad es la de no permitir que el pecado gobierne en nuestros cuerpos físicos. Para evitarlo, no debemos utilizar nuestro cuerpo ni el de otra persona como instrumento de injusticia (lee Romanos 6:12-13). La inmoralidad sexual no solo es un pecado contra Dios, sino también un pecado contra tu cuerpo, templo del Espíritu Santo (1 Corintios 6:18-19). Dios concibió el sexo como el medio para la procreación y para el placer de un esposo y una esposa. Cuando se consuma la relación matrimonial, se convierten en una sola carne. Si unimos sexualmente nuestros cuerpos a otra persona fuera del contexto del matrimonio, nos convertimos en «una sola carne» con esa persona (1 Corintios 6:16). Esto crea un vínculo espiritual que conduce a la esclavitud espiritual, ya sea heterosexual u homosexual. Dios prohíbe de manera explícita las relaciones sexuales entre personas del mismo sexo, al igual que las relaciones sexuales con alguien del sexo opuesto que no sea tu cónyuge. A fin de encontrar la libertad sexual, haz la siguiente oración:

*Amado Padre celestial, he permitido que el pecado reine en mi cuerpo mortal. Te pido que traigas a mi mente cada uso sexual de mi cuerpo como un instrumento de injusticia, de modo que pueda denunciar estos pecados sexuales y romper estas ataduras pecaminosas. Te lo ruego en el nombre de Jesús. Amén.*

A medida que el Señor te trae a la mente cada uso sexualmente inmoral de tu cuerpo, ya sea que te lo hicieran a ti (violación, incesto, abuso sexual) o que lo iniciaras tú (pornografía, masturbación, inmoralidad sexual), renuncia a ellos usando la siguiente oración:

*Amado Padre celestial: renuncio a* [señala la experiencia sexual] *con* [nombre]. *Te ruego que rompas esas cadenas de pecado con* [nombre] *de manera espiritual, física y emocional. Te lo pido en el nombre de Jesús. Amén.*

Si has usado pornografía, haz la siguiente oración:

*Amado Padre celestial, confieso que he mirado material pornográfico sugerente con el propósito de estimularme sexualmente. He tratado de satisfacer mis deseos lujuriosos y he contaminado mi cuerpo, alma y espíritu. Gracias por limpiarme y por tu perdón. Renuncio a cualquier vínculo satánico que haya permitido en mi vida a través del uso inadecuado de mi cuerpo y mi mente. Señor, me comprometo a destruir todos los objetos que tenga y haya usado para el estímulo sexual, y a alejarme de todos los medios asociados con mi pecado sexual. Me comprometo a renovar mi mente y a tener pensamientos puros. Lléname de tu Espíritu Santo para que no pueda llevar a cabo los deseos de la carne. Te lo pido en el nombre de Jesús. Amén.*

Después que termines, entrégale tu cuerpo a Dios orando:

*Amado Padre celestial, renuncio a todos los usos de mi cuerpo como instrumento de corrupción, y confieso cualquier participación voluntaria. Decido presentarte mi cuerpo físico como instrumento de justicia, sacrificio vivo y santo, aceptable a ti. Decido reservar el uso sexual de mi cuerpo solo para el matrimonio. Rechazo la mentira del diablo de que mi cuerpo no está limpio, que está sucio, o que de cualquier manera no sea aceptable a ti como resultado de mis experiencias sexuales pasadas. Señor, gracias porque me has limpiado y perdonado, y porque me amas y aceptas tal como soy. Por lo tanto, ahora decido aceptarme a mí mismo y a mi cuerpo como limpios ante tus ojos. Te lo pido en el nombre de Jesús. Amén.*

## Oraciones especiales y decisiones para situaciones específicas

Las siguientes oraciones mejorarán tu proceso de crecimiento y te ayudarán a hacer elecciones sabias cuando te enfrentes a decisiones críticas. Por sí solas, es poco probable que traigan una solución o recuperación total, pero sirven como excelentes puntos de partida. Después, tendrás que esforzarte para renovar tu mente. Por favor, no dudes en buscar consejo piadoso, a fin de obtener ayuda adicional cuando sea necesario.

### Identidad de género, disforia de género

*Amado Padre celestial, decido creer que creaste a toda la humanidad para que sea hombre o mujer (Génesis 1:27), y nos ordenaste mantener una distinción entre los dos géneros (Deuteronomio 22:5; Romanos 1:24-29). Confieso que han influido en mí las presiones sociales de este mundo caído y las mentiras de Satanás para cuestionar mi identidad de género biológica y la de otros. Renuncio a todas las acusaciones y mentiras de Satanás que tratarán de convencerme de que soy alguien distinto a quien me creaste. Decido creer y aceptar mi identidad biológica de género, y mi oración es para que sanes mis emociones dañadas y me permitas ser transformado por la renovación de mi mente. Tomo la armadura completa de Dios (Efesios 6:13-17) y el escudo de la fe para apagar todas las tentaciones y acusaciones del maligno (Efesios 6:16). Renuncio a cualquier identidad y término que se derive de mi antigua naturaleza, y elijo creer que soy una nueva criatura en Cristo. Te lo pido en el maravilloso nombre de Jesús. Amén.*

## Aborto

*Amado Padre celestial, confieso que no he sido la guardiana y custodia apropiada de la vida que me confiaste, y confieso que he pecado. Gracias que puedo perdonarme debido a tu perdón. Te entrego al niño por toda la eternidad y creo que está en tus cariñosas manos. Te lo pido en el nombre de Jesús. Amén.*

## Tendencias suicidas

*Amado Padre celestial, renuncio a todos los pensamientos suicidas y a cualquier intento que hiciera para quitarme la vida o hacerme daño. Renuncio a la mentira de que en la vida no hay esperanza y que puedo encontrar paz y libertad al quitarme la vida. Satanás es un ladrón que viene para robar, matar y destruir.*

*Decido permanecer vivo en Cristo, quien dijo que Él vino para darme vida y dármela en abundancia. Gracias por tu perdón que me permite perdonarme a mí mismo. Decido creer que en Cristo siempre hay esperanza y que mi Padre celestial me ama. Te lo pido en el nombre de Jesús. Amén.*

## Impulsividad y perfeccionismo

*Amado Padre celestial, renuncio a la mentira de que mi sentido de valía depende de mi capacidad para el desempeño. Declaro la verdad de que mi identidad y sentido de valía se encuentran en quien soy como tu hijo. Renuncio a la búsqueda de afirmación mediante la aprobación y aceptación de otros, y decido creer la verdad de que ya estoy aprobado y aceptado en Cristo gracias a su muerte y resurrección por mí. Decido creer la verdad de que no soy salvo por obras hechas en justicia, sino por tu misericordia. Decido creer que ya no estoy bajo la maldición de la ley, porque Cristo se hizo maldición por mí. Recibo el regalo gratuito de la vida en Cristo y decido permanecer en Él. Renuncio a esforzarme por la perfección viviendo bajo la ley. También rechazo y renuncio a la mentira de que mi aceptación, seguridad e importancia se basan en vivir por completo a la altura de las normas y reglas hechas por el hombre. Por tu gracia, Padre celestial, decido que desde este día en adelante caminaré por fe y en el poder de tu Espíritu Santo de acuerdo con lo que dijiste que es verdad. Te lo pido en el nombre de Jesús. Amén.*

## Trastornos alimenticios de automutilación

*Amado Padre celestial, renuncio a la mentira de que mi valor como persona depende de mi apariencia o desempeño. Renuncio a cortarme o maltratarme, a vomitar, a usar laxantes o negarme a comer como forma de controlarme, alterar mi apariencia o tratar de limpiarme del mal. Declaro que solo la sangre del Señor Jesucristo me limpia del pecado. Reconozco que fui comprado por precio y que mi cuerpo, el templo del Espíritu Santo, te pertenece a ti, Dios. Por lo tanto, decido glorificarte en mi cuerpo. Renuncio a la mentira de que soy malvado o que cualquier parte de mi cuerpo es perversa. Gracias por aceptarme tal y como soy en Cristo. Te lo pido en el nombre de Jesús. Amén.*

## Uso indebido de sustancias

*Amado Padre celestial, confieso que he abusado de sustancias* (alcohol, tabaco, alimento, drogas recetadas o ilícitas) *con el propósito de darme placer, escapar de la realidad o afrontar problemas difíciles. Confieso que he abusado de mi cuerpo y he programado mi mente de forma dañina. También he apagado al Espíritu Santo. Gracias por tu perdón. Renuncio a cualquier conexión o influencia satánica en mi vida a través de mi mal uso de alimentos o productos químicos. Echo toda mi ansiedad sobre Cristo que me ama. Me comprometo a no ceder más al abuso de sustancias, sino que decido permitir que el Espíritu Santo me dirija y me dé poder. Te lo pido en el nombre de Jesús. Amén.*

## Juego

*Amado Padre celestial, confieso que he sido un mal administrador de los recursos financieros que han estado en mi posesión. Me he jugado mi futuro persiguiendo a un dios falso. No me he contentado con la comida y la ropa, y el amor al dinero me ha llevado a comportarme de manera irracional y pecaminosa. Renuncio a hacer provisión para mi carne con respecto a este vicio. Me comprometo a mantenerme alejado de todos los casinos, sitios web de juegos de azar, casas de apuestas y ventas de lotería. Decido creer que estoy vivo en Cristo y muerto al pecado. Lléname de tu Espíritu Santo para no satisfacer los deseos de la carne. Muéstrame la vía de escape cuando me sienta tentado a volver a mis comportamientos adictivos. Me opongo a todos los engaños, acusaciones y tentaciones de Satanás, poniéndome la armadura de Dios y manteniéndome firme en la fe. Decido creer que tú suplirás todas mis necesidades según tus riquezas en gloria. Te lo pido en el nombre de Jesús. Amén.*

## Intolerancia

*Amado Padre celestial, tú creaste a toda la humanidad a tu imagen. Confieso que he juzgado a otros por el color de su piel, su nacionalidad de origen, su estatus social o económico, sus diferencias culturales y su orientación sexual. Renuncio al racismo, elitismo y sexismo. Decido creer que «no hay judío ni griego; no hay esclavo ni libre; no hay hombre ni mujer; porque todos sois uno en Cristo Jesús» (Gálatas 3:28). Muéstrame las raíces de mi intolerancia para confesarlas y ser limpio de tal desprecio. Me comprometo a andar como es digno de la vocación con que fui llamado, con toda humildad y mansedumbre, soportando con paciencia a otros en amor, esforzándome por preservar la unidad del Espíritu en el vínculo de la paz (Efesios 4:1-3). Te lo pido en el nombre de Jesús. Amén.*

## Uso indebido o adicción de los teléfonos inteligentes y a la actividad en internet

*Amado Padre celestial, confieso que he hecho mal uso de mi teléfono celular, de la internet y de las redes sociales, a fin de escapar de la realidad o afrontar problemas difíciles. Confieso y renuncio a cualquier forma en la que he priorizado la actividad en línea sobre las relaciones personales. Confieso y renuncio a toda forma en la que he tergiversado mi identidad en línea para recibir la aceptación de los demás o para sentirme mejor conmigo mismo. Decido encontrar mi verdadera identidad y plena aceptación en ti. Me arrepiento de recibir filosofías y enseñanzas mundanas a través de internet. Solo tú, tu Palabra y el Espíritu Santo renuevan mi mente y me guían a toda verdad. He dependido de las aplicaciones y las redes sociales para darle satisfacción a mi vida, pero ahora renuncio y rompo esta dependencia en el nombre de Jesús. Solo tú puedes satisfacer mis necesidades más profundas. Recibo tu perdón y proclamo que tú eres el único que me das todo lo que necesito para la vida y la piedad (2 Pedro 1:3). Te lo pido en el nombre de Jesús. Amén.*

## SÉPTIMO PASO: MALDICIONES CONTRA BENDICIONES

La Biblia declara que las iniquidades de una generación pueden visitarlas hasta la tercera y cuarta generación de los que aborrecen a Dios, pero las bendiciones de Dios se derramarán sobre miles de generaciones de quienes le aman y obedecen (Éxodo 20:4-6). Las iniquidades de una generación pueden afectar generaciones futuras de manera negativa, a menos que renuncies a esos pecados y reclames tu nueva herencia espiritual en Cristo. Este ciclo de abuso y todas sus influencias negativas lo podemos detener a través de un arrepentimiento genuino. Tú no eres culpable de los pecados de tus antepasados, pero sí te han afectado por su influencia. Jesús dijo que después que nos preparemos bien, seremos como nuestros maestros (Lucas 6:40), y Pedro escribió: «Fuisteis redimidos de vuestra vana manera de vivir heredada de vuestros padres»

(1 Pedro 1:18). Pídele al Señor que te revele los pecados de tus antepasados, después renuncia a ellos como sigue:

> *Amado Padre celestial, revélale a mi mente todos los pecados de mis antepasados que se hayan transmitido por las líneas familiares. Como una nueva criatura en Cristo, quiero experimentar mi libertad de esas influencias y andar en mi nueva identidad como hijo de Dios. Te lo pido en el nombre de Jesús. Amén.*

Escucha con atención lo que te puede revelar el Espíritu Santo y confecciona una lista de todo lo que te venga a la mente. Dios puede revelarte prácticas religiosas de sectas y ocultismo de tus antepasados, prácticas de las que no estabas al tanto. Además, cada familia tiene casos de enfermedades físicas y mentales, divorcios, pecados sexuales, ira, depresión, miedo, violencia, abuso, etc. Cuando no se te ocurra nada más, concluye con esto:

> *Señor, renuncio a* [nombra todos los pecados de la familia que Dios te traiga a la mente].

No podemos tomar con pasividad nuestro lugar en Cristo. Más bien, de manera activa e intencional, debemos optar por someternos a Dios, resistir al diablo y, entonces, él huirá de nosotros. Completa este Paso final en voz alta con la declaración y la oración siguientes:

### Declaración

> Aquí y ahora rechazo y desautorizo todos los pecados de mis antepasados. Como alguien liberado del dominio de las tinieblas y traspasado al reino del Hijo de Dios, me declaro libre de esas influencias dañinas. También declaro que, en Cristo, soy portador de sus bendiciones para las generaciones futuras. Ya no estoy «en Adán». Ahora estoy vivo «en Cristo». Por lo tanto, soy el beneficiario de las bendiciones de Dios

sobre mi vida al decidir amarlo y obedecerlo. Como alguien que ha sido crucificado y resucitado con Cristo, y que está sentado con Él en los lugares celestiales, renuncio a todos y cada uno de los ataques satánicos y a toda flecha lanzada contra mí y mi ministerio. Cada maldición dicha contra mí se rompió cuando Cristo se hizo maldición por mí al morir en la cruz (Gálatas 3:13). Rechazo a todas y cada una de las formas en las que Satanás podría alegar ser mi dueño. Pertenezco al Señor Jesucristo, quien me compró con su preciosa sangre. Me declaro que estoy entregado de manera total y eterna al Señor Jesucristo. Por lo tanto, habiéndome sometido a Dios, ahora por su autoridad resisto al diablo, y le ordeno a todo enemigo del Señor Jesucristo que salga de mi presencia. Al ponerme la armadura de Dios, me paro firme en contra de las tentaciones, acusaciones y mentiras de Satanás. Desde este día en adelante, procuraré hacer solo la voluntad de mi Padre celestial.

## Oración

*Amado Padre celestial, vengo a ti como tu hijo, redimido de la esclavitud del pecado por la sangre del Señor Jesucristo. Tú eres el Señor del universo y el Señor de mi vida. Someto mi cuerpo a ti como sacrificio vivo y santo. Glorifícate por medio de mi cuerpo y mi vida. Ahora te pido que me llenes de tu Espíritu Santo. Me comprometo a la renovación de mi mente, a fin de que pueda comprobar que tu voluntad es buena, agradable y perfecta para mí. Nada deseo más que ser como tú. Al vivir tu vida a través de mí (Gálatas 2:20), trae tus bendiciones a las generaciones futuras (Éxodo 20:4-6). Oro, creo y hago todo esto en el maravilloso nombre de Jesús, mi Señor y Salvador. Amén.*

## ¿SOLUCIÓN INCOMPLETA?

Una vez que termines los siete pasos, cierra los ojos y siéntate en silencio durante un minuto o dos. ¿Está callada tu mente? En ese momento, la mayoría de los creyentes que siguieron los Pasos sienten la paz de Dios dentro de sí y una mente clara. Unos pocos, no, y casi siempre saben que todavía hay algunos asuntos pendientes que atender con Dios. Si crees que fuiste sincero por completo con Dios y procesaste todos los Pasos lo mejor que te fue posible, ora de esta manera a Dios:

> *Amado Padre celestial, deseo de todo corazón tu presencia, y te pido que le reveles a mi mente lo que me impide experimentarla. Te pido que me traslades al tiempo del trauma en mi vida y me muestres las mentiras que he creído. Te suplico que me concedas el arrepentimiento que lleva al conocimiento de la verdad que me hará libre. Te ruego con humildad que sanes mis emociones heridas. Te lo pido en el nombre de Jesús. Amén.*

No pierdas el tiempo intentando averiguar qué te pasa si no surge nada nuevo. Solo tienes la responsabilidad de lidiar con lo que sabes. En su lugar, comprométete a descubrir lo que está bien en ti; es decir, quién eres en Cristo. Algunos creyentes pueden sentir una nueva libertad y, días o semanas después, comienzan a luchar de nuevo. Lo más probable es que Dios esté revelando algo más de tu pasado que necesita tratarse. A veces Dios trabaja capa por capa a través de los problemas que afrontan quienes han experimentado un trauma severo. Intentar tratar todos los abusos de una sola vez puede ser demasiado abrumador para algunos. Si nos mostramos fieles en las cosas pequeñas, Dios nos pondrá a cargo de cosas más grandes.

## ENCUENTRO CON LA VERDAD

### LEE

Gálatas 5:1

### REFLEXIONA

1. Encontrar la libertad en Cristo es el resultado de confesar, renunciar y abandonar los pecados y las mentiras que los alimentan, perdonar y recibir/declarar la verdad de Dios. ¿Cuál de estos aspectos es el más desafiante para ti?
2. ¿Hay algo en lo que puedas pensar que te impediría vivir libre en Cristo hoy? ¿Hay algún paso que crees que necesitas revisar?
3. ¿Qué pasos fueron los más significativos o alentadores para ti? ¿Por qué?
4. ¿De qué manera crees que podrías comunicarles este mensaje de libertad a otros que podrían estar pasando apuros?

### RESPONDE

Ora y dale gracias a Dios por la libertad que nos ofrece. También haz una oración de compromiso, a fin de que sigas creciendo y caminando en libertad.

14

# VIVE LIBRE Y PERMANECE LIBRE

*Su objetivo y propósito cuando te llamó por primera vez a sí mismo... no fue refrescarte durante unas pocas horas después de tu conversión con el gozo de su amor y liberación, y luego enviarte a vagar en tristeza y pecado. Él te destinó para algo mejor que una bienaventuranza de corta duración, para que la disfrutaras solo en momentos de especial fervor y oración, y luego morir, ya que tenías que regresar a esos deberes en los que se tiene que emplear la mayor parte de la vida. En realidad, no; Él preparó para ti una morada permanente consigo mismo, donde pudieras pasar toda tu vida y cada momento de ella, donde pudieras realizar el trabajo de tu vida diaria y donde todo el tiempo pudieras disfrutar de una comunión ininterrumpida con Él.*

**ANDREW MURRAY (1828-1917 D. C.)**

Debes mantener la libertad que obtuviste al seguir «Los pasos hacia la libertad» en el capítulo 13. Ganaste una batalla muy importante; pero la guerra continúa. La libertad es tuya mientras sigas eligiendo la verdad y manteniéndote firme en la fortaleza del Señor. Si viejos pecados no confesados salen a la superficie, confiésalos. Si te das cuenta de las mentiras de Satanás que has creído, o recuerdas otras experiencias no cristianas que has tenido, renuncia a ellas y elige la verdad. A algunas personas les ha resultado útil repasar los Pasos hacia la Libertad nuevamente. Cuando lo hagas, siga las instrucciones con sumo cuidado.

En este capítulo veremos siete pautas importantes basadas en la Biblia para ayudarte a mantener tu libertad y caminar con Cristo. Ten en cuenta que no obtenemos puntos extra con Dios si seguimos estos consejos, ni perdemos puntos con Él si los ignoramos. Dios nos ama ya sea que sigamos sus lineamientos como si no. Sin embargo, su fuerte deseo es que decidamos seguirlos y caminar en libertad. Nuestra recompensa es la victoria y la libertad que experimentaremos en nuestra vida diaria.

## 1. FORTALECE TU LIBERTAD CON EL COMPAÑERISMO

Dios nunca tuvo la intención de que viviéramos solos la vida cristiana. Por eso creó la iglesia. Involúcrate con un buen grupo de jóvenes donde puedas caminar en la luz y hablar la verdad en amor con otros cristianos en crecimiento. Asegúrate de que sea una iglesia donde la Palabra de Dios se enseñe de forma clara y precisa. Hebreos 10:23-25 nos dice:

> Mantengamos firme la profesión de nuestra esperanza sin vacilar, porque fiel es el que prometió; y consideremos cómo estimularnos unos a otros al amor y a las buenas obras, no dejando de congregarnos, como algunos tienen por costumbre, sino exhortándonos unos a otros, y mucho más al ver que el día se acerca.

El versículo 25 nos advierte que no dejemos de «congregarnos». Debemos edificarnos los unos a los otros en nuestra fe, y eso sucede cuando adoramos, oramos y estudiamos la Palabra de Dios juntos. Si evitamos ir a la iglesia y reunirnos con otros cristianos, nos volvemos débiles y vulnerables al ataque del enemigo.

Hebreos 3:13 nos instruye a exhortarnos «los unos a los otros cada día», no solo los domingos ni cuando se reúna el grupo de jóvenes. Debemos tratar a otros cristianos como nuestros hermanos y hermanas en Cristo, y ayudarnos los unos a los otros en aspectos donde necesitamos crecer.

## 2. FORTALECE TU LIBERTAD CON EL ESTUDIO DE LA PALABRA DE DIOS

La forma principal de llegar a conocer a Dios es conocer su Palabra, la Biblia. Leer buenos libros cristianos y escuchar música cristiana es fantástico, pero no sustituyen la lectura y el estudio de la Palabra de Dios. Hay muchas Biblias fáciles de leer para jóvenes que puedes usar. Tu libertad en Cristo se alentará a medida que te adentres en la Palabra de Dios, la estudies y memorices versículos clave.

En el Antiguo Testamento, Esdras fue un hombre que Dios usó mucho. Es más, se nos dice que «la mano del Señor su Dios estaba sobre él» (Esdras 7:6). Esdras hizo de la Palabra de Dios una gran parte de su vida. El versículo 10 dice: «Esdras había dedicado su corazón a estudiar la ley del Señor, y a practicarla». ¿Quieres la mano de Dios sobre ti? Pon tu corazón a estudiar la Palabra de Dios y a practicarla.

Es una buena idea establecer un tiempo determinado cada día para estudiar la Biblia y orar. Si eres un «gallo» (madrugador), la mañana puede ser un buen momento para ti, pues estás fresco y alerta. Si eres un «búho nocturno» (un trasnochador), es posible que leas mejor antes de acostarte. Escoge un lugar tranquilo y cómodo donde no te interrumpan ni te distraigan, ¡pero no tan cómodo como para que te cueste mantenerte despierto!

Este tiempo especial que los cristianos reservan para estudiar la Palabra de Dios y orar se suele llamar «tiempo devocional». Utiliza tu tiempo devocional diario para leer, estudiar y reflexionar sobre lo que tiene que decirte la Palabra de Dios. El apóstol Pablo escribe: «Toda Escritura es inspirada por Dios y útil para enseñar, para reprender, para corregir, para instruir en justicia, a fin de que el hombre de Dios sea perfecto, equipado para toda buena obra» (2 Timoteo 3:16-17). Por lo tanto, «procura con diligencia presentarte a Dios aprobado, como obrero que no tiene de qué avergonzarse, que usa bien la palabra de verdad» (2 Timoteo 2:15, RVR60).

## 3. FORTALECE TU LIBERTAD A TRAVÉS DE LA ORACIÓN DIARIA

Proverbios 15:8 nos dice: «El Señor [...] se deleita en las oraciones de su pueblo» (LBD). Debido a la relación que tenemos con Dios a través de la muerte, sepultura y resurrección de Cristo, somos libres de hablar con Dios cuando queramos. Y podemos hablar con Él sobre cualquier cosa: amigos, tareas, padres, problemas. Comprométete a hablar con Dios todos los días, no solo durante tu tiempo devocional, sino en cualquier momento.

Aquí tienes algunos ejemplos de oraciones que puedes hacer a menudo y con confianza.

### Oración para la vida diaria

*Amado Padre celestial, te honro como mi Señor. Sé que siempre estás presente conmigo. Eres el único Dios todopoderoso y omnisciente. Eres bondadoso y amoroso de todas las maneras posibles. Te amo y te doy gracias, pues estoy unido a Cristo y vivo espiritualmente en Él. Decido no amar al mundo y hago morir todos mis deseos pecaminosos. Te doy gracias por la vida que ahora tengo en Cristo, y te pido que me llenes y me guíes con tu Espíritu Santo, a fin de poder vivir mi vida libre de pecado.*

*Declaro mi dependencia de ti, y me opongo a Satanás y a todos sus caminos mentirosos. Decido creer la verdad y me niego a desanimarme. Tú eres el Dios de toda esperanza, y confío en que suplirás mis necesidades mientras procuro vivir de acuerdo a tu Palabra. Tengo confianza que puedo vivir una vida responsable por medio de Cristo que me fortalece.*

*Ahora me opongo a Satanás y le ordeno a él y a todos sus espíritus malignos que se aparten de mí. Me pongo la armadura de Dios. Presento mi cuerpo como sacrificio vivo y renuevo mi mente por la Palabra viva de Dios, de modo que pueda comprobar que la voluntad de Dios es buena, agradable y perfecta. Te pido estas cosas en el precioso nombre de mi Señor y Salvador Jesucristo, amén.*

## Oración antes de dormir

*Gracias, Señor, pues me trajiste a tu familia y me bendices con toda bendición espiritual en el reino celestial en Cristo. Gracias por proporcionarme este tiempo de descanso a través del sueño. Lo acepto como parte de tu plan perfecto para mí, y confío en ti para que protejas mi mente y mi cuerpo durante el sueño.*

*Así como he pensado en ti y en tu verdad durante este día, también decido dejar que esos pensamientos continúen en mi mente mientras duermo. Me encomiendo a ti para que me protejas de todo intento de Satanás o de sus demonios de atacarme mientras duermo. Me encomiendo a ti como mi roca, mi fortaleza y mi lugar de descanso. Te lo pido en el gran nombre del Señor Jesucristo, amén.*

## Oración por una casa o habitación

Haz esta oración en voz alta después de quitar todos los artículos de adoración falsa de tu habitación o de tu casa.

*Padre celestial, sé que eres el Señor del cielo y de la tierra. En tu poder y amor, me has dado todas las cosas para disfrutar. Gracias por este lugar para vivir. Reclamo esta casa/habitación para mi familia/para mí como un lugar de seguridad espiritual y protección de todos los ataques del enemigo.*

*Como hijo de Dios en Cristo, les ordeno a todos los espíritus malignos que reclaman territorio debido a las actividades de los ocupantes anteriores que se vayan y nunca regresen. Renuncio a todas las maldiciones y hechizos contra este lugar. Te pido, Padre celestial, que pongas ángeles guardianes alrededor de esta casa/habitación, a fin de protegerla de los intentos del enemigo de entrar y perturbar tus propósitos para nosotros/para mí. Gracias, Señor, por hacer esto, y te lo ruego en el nombre del Señor Jesucristo, amén.*

## 4. FORTALECE TU LIBERTAD PARA PONER EN CAUTIVERIO CADA PENSAMIENTO

Si queremos permanecer libres en Cristo, debemos asumir la responsabilidad de nuestros propios pensamientos. En 2 Corintios 10:5 se nos instruye a poner en cautiverio todo pensamiento a la obediencia de Cristo. Para permanecer libres, debemos rechazar las mentiras, elegir la verdad y mantenernos firmes en nuestra posición en Cristo.

Recuerda, no estamos tratando de disipar la oscuridad; estamos tratando de encender la luz. La manera de superar una mentira es eligiendo la verdad. La manera de superar los pensamientos de ansiedad es volverse a Dios y luego hacer lo que dice Pablo:

> Por último, hermanos, consideren bien todo lo verdadero, todo lo respetable, todo lo justo, todo lo puro, todo lo amable, todo lo digno de admiración, en fin, todo lo que sea excelente o merezca elogio. Pongan en práctica lo que de mí han aprendido, recibido y oído, además de lo que han visto en mí y el Dios de paz estará con ustedes (Filipenses 4:8-9, NVI®).

Si sufres un ataque directo, diles en voz alta a Satanás y a sus demonios: «En el nombre del Señor Jesucristo, te ordeno que salgas de mi presencia». No le pidas que se vaya; dile que se vaya en la autoridad de Cristo: «Satanás, en el nombre de Jesucristo, sal de aquí ahora mismo». Si estás paralizado por el miedo y parece que no puedes decir nada, invoca al Señor para tus adentros. Él conoce los «pensamientos y las intenciones del corazón» (Hebreos 4:12). Sométete a Dios primero, luego resiste al diablo (Santiago 4:7).

Además, evita que tu mente se desvíe. Es muy fácil volverse perezoso al pensar y regresar a viejos patrones de pensamiento. Cuéntale tus luchas abiertamente a un amigo de confianza o un líder de jóvenes. Pablo escribe: «Hermanos, no sean niños en su modo de pensar. Sean niños en cuanto a la malicia, pero adultos en su modo de pensar» (1 Corintios 14:20, NVI®).

## 5. FORTALECE TU LIBERTAD PARA ENTENDER QUIÉN ERES EN CRISTO

Creceremos en libertad a medida que sigamos entendiendo y aceptando nuestra identidad y valor en Cristo. ¿Cómo podemos hacerlo? Llenando nuestra mente con la verdad de la Palabra de Dios acerca de nuestra aceptación, seguridad y significado en Cristo.

Las siguientes declaraciones resumen nuestra identidad y posición bíblicas en Cristo, y forman el fundamento de nuestra libertad en Él. Lee estas declaraciones en voz alta con frecuencia. Siempre que estés involucrado en un conflicto espiritual, lee estas declaraciones en voz alta al menos una vez al día durante un mes.

## ¿QUIÉN SOY?

Soy la sal de la tierra (Mateo 5:13).

Soy la luz del mundo (Mateo 5:14).

Soy hijo de Dios (Juan 1:12).

Soy parte de la vid verdadera, y la vida de Cristo fluye a través de mí (Juan 15:1, 5).

Soy amigo de Cristo (Juan 15:15).

Soy elegido por Cristo para dar fruto (Juan 15:16).

Soy testigo personal de Cristo, enviado a todos para hablarles acerca de Él (Hechos 1:8).

Soy siervo de la justicia (Romanos 6:18).

Soy siervo de Dios, santificándome y dándome vida eterna (Romanos 6:22).

Soy hijo de Dios; puedo llamarle Padre (Romanos 8:14-15; Gálatas 3:26; 4:6).

Soy coheredero con Cristo y heredo su gloria (Romanos 8:17).

Soy un templo, una morada, para Dios; su Espíritu y su vida viven en mí (1 Corintios 3:16; 6:19).

Estoy unido para siempre al Señor y soy un solo espíritu con Él (1 Corintios 6:17).

Soy parte del cuerpo de Cristo (1 Corintios 12:27).

Soy una persona nueva: mi pasado se perdonó y todo es nuevo (2 Corintios 5:17, NTV).

Estoy en paz con Dios y Él me ha dado la tarea de ayudar a otros a encontrar la paz con Él (2 Corintios 5:18-19).

Soy hijo de Dios y soy uno con los demás en su familia (Gálatas 3:26, 28).

Soy hijo de Dios y recibiré la herencia que Él prometió (Gálatas 4:6-7).

Soy santo, una persona santa (Efesios 1:1; Filipenses 1:1; Colosenses 1:2).

Soy obra de Dios, creado en Cristo para hacer su obra (Efesios 2:10).

Soy ciudadano del cielo junto con toda la familia de Dios (Efesios 2:19).

Soy prisionero de Cristo para poder ayudar a los demás (Efesios 3:1; 4:1).

Soy justo y santo (Efesios 4:24).

Soy un ciudadano del cielo sentado en el cielo ahora mismo (Filipenses 3:20; Efesios 2:6).

Estoy escondido con Cristo en Dios (Colosenses 3:3).

Soy una expresión de la vida de Cristo, pues Él es mi vida (Colosenses 3:4).

Soy escogido por Dios, santo y muy amado (Colosenses 3:12; 1 Tesalonicenses 1:4).

Soy hijo de la luz y no de las tinieblas (1 Tesalonicenses 5:5).

Soy elegido para participar en el llamado celestial de Dios (Hebreos 3:1).

Soy parte de Cristo; comparto su vida (Hebreos 3:14).

Soy una de las piedras vivas de Dios con las que se edifican en Cristo como casa espiritual (1 Pedro 2:5).

Soy miembro de un linaje escogido, de un real sacerdocio, de una nación santa, de un pueblo que pertenece a Dios (1 Pedro 2:9-10).

Soy solo un visitante de este mundo, en el que vivo de manera temporal (1 Pedro 2:11).

Soy enemigo del diablo (1 Pedro 5:8, NVI®).

Soy hijo de Dios y seré como Cristo cuando Él regrese (1 Juan 3:1-2).

Soy una nueva criatura en Cristo, y el maligno, el diablo, no puede tocarme (1 Juan 5:18).

Soy lo que soy por la gracia de Dios (1 Corintios 15:10), pero *no* soy el gran «Yo soy» (Éxodo 3:14; Juan 8:24, 28, 58).

### Puesto que estoy en Cristo, por la gracia de Dios...

Ahora soy aceptable ante Dios (justificado) y perdonado por completo; vivo en paz con Él (Romanos 5:1).

La persona pecadora que solía ser murió con Cristo, y el pecado ya no gobierna mi vida (Romanos 6:1-7).

Estoy libre del castigo (condenación) que merece mi pecado (Romanos 8:1).

Me han puesto en Cristo por obra de Dios (1 Corintios 1:30).

Recibí el Espíritu de Dios en mi vida; puedo reconocer las bendiciones que Él me ha dado (1 Corintios 2:12).

Recibí la mente de Cristo; Él me da su sabiduría para tomar buenas decisiones (1 Corintios 2:16).

Me compraron por precio; no soy mío; pertenezco a Dios (1 Corintios 6:19-20).

Soy posesión de Dios, elegido y seguro (sellado) en Él; se me concedió el Espíritu Santo como promesa de mi herencia venidera (2 Corintios 1:21-22; Efesios 1:13-14).

Desde que morí, ya no vivo para mí, sino para Cristo (2 Corintios 5:14-15).

Me hicieron aceptable a Dios (justo) (2 Corintios 5:21).

Estoy juntamente crucificado con Cristo, y ya no vivo yo, mas vive Cristo en mí; la vida que vivo ahora es la vida de Cristo (Gálatas 2:20).

Soy bendecido con toda bendición espiritual (Efesios 1:3).

Me escogieron en Cristo para ser santo antes de que se creara el mundo; soy sin culpa delante de Él (Efesios 1:4).

Dios me eligió (predestinó) para ser adoptado como su hijo (Efesios 1:5).

Me rescataron de la esclavitud del pecado (redimieron) y perdonaron; he recibido su gracia generosa (Efesios 1:6-7).

Me vivificaron espiritualmente así como Cristo está vivo (Efesios 2:5).

Me resucitaron y sentaron con Cristo en el cielo (Efesios 2:6).

Tengo acceso directo a Dios por medio del Espíritu (Efesios 2:18).

Puedo acercarme a Dios con valentía, libertad y confianza (Efesios 3:12).

Me libraron del oscuro poder del dominio de Satanás y me trasladaron al reino de Cristo (Colosenses 1:13).

Me perdonaron y liberaron de todos mis pecados; la deuda contra mí se canceló (Colosenses 1:14; 2:14).

Cristo mismo vive en mí (Colosenses 1:27).

Estoy firmemente arraigado en Cristo y ahora estoy siendo edificado en Él (Colosenses 2:7).

He crecido de manera plena (completa) en Cristo (Colosenses 2:10).

Me sepultaron, resucitaron y vivificaron con Cristo (Colosenses 2:12-13).

Morí con Cristo y resucité con Cristo; mi vida ahora está escondida con Cristo en Dios; Cristo es ahora mi vida (Colosenses 3:1-4).

Se me ha dado un espíritu de poder, amor y dominio propio (2 Timoteo 1:7).

Soy salvo y apartado (santificado) según el plan de Dios (2 Timoteo 1:9; Tito 3:5).

Debido a que estoy apartado (santificado) y soy uno con Cristo, Él no se avergüenza de llamarme su hermano o hermana (Hebreos 2:11).

Tengo derecho a presentarme con valentía ante el trono de Dios; Él suplirá mis necesidades con amor y bondad (Hebreos 4:16).

Se me han dado grandes y valiosas promesas; la naturaleza de Dios se ha convertido en parte de mí (2 Pedro 1:4)*.

## 6. FORTALECE TU LIBERTAD PARA TESTIFICAR DE TU FE

Los jóvenes en tu iglesia y en tu campus necesitan de veras al Señor y a la libertad que Él tiene para ofrecer. Tienes el privilegio y la responsabilidad de contarles a los demás cómo llegaste a conocer a Cristo como tu Salvador y cómo llegaste a experimentar tu libertad en Cristo. En 1 Pedro 3:15 se nos dice: «Calladamente encomiéndense a Cristo su Señor, y estén listos a responder amable y respetuosamente a cualquiera que les pregunte por qué tienen tal fe» (LBD).

La mejor manera de ser testigo de Cristo es al seguir sus caminos y vivir en su libertad. Colosenses 2:6-7 nos dice: «De la manera que recibieron a Cristo Jesús como Señor, vivan ahora en él, arraigados y edificados en él, confirmados en la fe» (NVI®).

Estás calificado para testificar y comunicar tu libertad por ser quien eres en Cristo. Tienes el Espíritu y la Palabra de Dios. Juntos, tú y el Espíritu Santo forman un gran equipo. Pedro dijo en Hechos 5:32: «Nosotros somos testigos de estas cosas; y también el Espíritu Santo, el cual Dios ha dado a los que le obedecen». Ser un testigo exitoso es acudir a otras personas en el poder del Espíritu

---

*Neil Anderson y Dave Park, *Emergiendo de la oscuridad*, Editorial Unilit, Miami, FL, 1995.

Santo y decirles con confianza las verdades de la Biblia a través de la historia de cómo llegaste a conocer a Cristo y encontraste tu libertad en Él.

Ora por tus amigos no cristianos y por los amigos que han confiado en Cristo, pero no caminan en la libertad que el Señor les ofrece. Pídele a Dios que te abra puertas de oportunidades para testificar de tu fe y libertad. Recuerda: Tu responsabilidad es testificar, pero la responsabilidad del Espíritu Santo es mover los corazones de las personas, a fin de que acepten a Cristo o tomen la decisión de caminar en su libertad. No puedes fracasar a menos que dejes que Satanás te engañe para que no narres tu historia.

No permitas que Satanás te silencie a través del miedo al rechazo o a la vergüenza. Si estás experimentando estos temores, ten en cuenta que no provienen de Dios, pues «Dios no nos ha dado un espíritu de temor y timidez sino de poder, amor y autodisciplina» (2 Timoteo 1:7, NTV). El apóstol Pedro lo expresa así:

> ¿Y quién os podrá hacer daño si demostráis tener celo por lo bueno? Pero aun si sufrís por causa de la justicia, dichosos sois. Y no os amedrentéis por temor a ellos ni os turbéis, sino santificad [apartad] a Cristo como Señor en vuestros corazones, estando siempre preparados para presentar defensa ante todo el que os demande razón de la esperanza que hay en vosotros, pero hacedlo con mansedumbre y reverencia; teniendo buena conciencia, para que en aquello en que sois calumniados, sean avergonzados los que difaman vuestra buena conducta en Cristo (1 Pedro 3:13-16).

## 7. FORTALECE TU LIBERTAD PARA BUSCAR EL PERDÓN DE OTROS

El hecho de que hayas perdonado a una persona que te ofendió no significa que no te vuelva a lastimar. Sé rápido para perdonar de nuevo. Ahora la Escritura nos pide que vayamos aún más lejos: ¿Qué tal si hemos ofendido a alguien?

> Si estás presentando tu ofrenda en el altar, y allí te acuerdas que tu hermano tiene algo contra ti, deja tu ofrenda allí delante del altar, y ve, reconcíliate primero con tu hermano, y entonces ven y presenta tu ofrenda. Reconcíliate pronto con tu adversario mientras vas con él por el camino, no sea que tu adversario te entregue al juez, y el juez al alguacil, y seas echado en la cárcel. En verdad te digo que no saldrás de allí hasta que hayas pagado el último centavo (Mateo 5:23-26).

## La motivación para buscar el perdón

Una excepción a este principio se produce cuando hay que restituir algo. Si robaste o rompiste algo, dañaste la reputación de alguien, etc., debes acudir a esa persona y repararlo, incluso si no sabe lo que hiciste.

1. Escribe lo que hiciste mal y por qué lo hiciste.
2. Asegúrate de que ya les perdonaste por lo que sea que te hicieran.
3. Piensa con exactitud cómo les pedirás que te perdonen.
    a. Califica tu acción como «mala».
    b. **Sé** específico y admite lo que hiciste.
    c. No te defiendas ni pongas excusas.
    d. No culpes a los demás, y no esperes ni exijas que te pidan perdón.

e. Tu confesión debe llevar a la pregunta directa: «¿Me perdonas?».

4. Busca el lugar y el momento adecuados para acercarte a la persona ofendida.
5. Pide perdón cara a cara a cualquier persona con la que puedas hablar de frente, con la siguiente excepción: *No vayas solo* cuando tu seguridad esté en peligro.
6. A menos que no sea posible otro medio de comunicación, *no escribas un correo electrónico, un mensaje de texto o una nota*, pues se pueden malinterpretar o leerse con mucha facilidad por alguien que no tenga nada que ver con la ofensa o la confesión. Una carta, un correo electrónico o un texto pueden conservarse cuando deberían haberse destruido.
7. Una vez que buscas sinceramente el perdón, eres libre, ya sea que la otra persona te perdone o no (Romanos 12:18).
8. Después de buscar el perdón, tanto si te lo conceden como si no, ten comunión con Dios en adoración (Mateo 5:24).

## ENCUENTRO CON LA VERDAD

### LEE

2 Timoteo 3:15-17; Filipenses 4:8-9; Hebreos 10:23-25

### REFLEXIONA

1. ¿Por qué es necesario mantener nuestra libertad? ¿Qué debes hacer si recuerdas un antiguo pecado no confesado?
2. ¿Cómo ayuda el compañerismo con otros cristianos a nuestro caminar en libertad? ¿Por qué estudiar la Palabra de Dios es tan importante para nuestra libertad?
3. ¿Cómo se relacionan nuestros pensamientos con el hecho de permanecer libres? ¿Por qué es tan vital comprender quién eres en Cristo?
4. ¿Cómo la lista «¿Quién soy?» te hizo sentir después de leerla? ¿Cambiarás alguna vez algo de esa lista?
5. ¿Cuáles deberían ser nuestros motivos para buscar el perdón de otras personas?

### RESPONDE

Ora y pídele a Dios su dirección para usar la autoridad que Él te ha dado, a fin de ganar la batalla por tu mente y caminar en libertad. Comprométete a leer cada día la lista «¿Quién soy?» y utiliza las oraciones de seguimiento.

# PALABRAS FINALES DE ALIENTO

Nuestra esperanza es que a través de este libro hayas conocido a Jesucristo, el que rompe las cadenas, y que te hayas liberado por medio de Él. Aparte de la vida eterna, la libertad en Cristo es tu posesión más preciada. Es la libertad de tu pasado. Es la libertad de ser tú mismo y es la libertad para crecer en Cristo. Jesús sufrió la vergüenza de la cruz para que puedas estar vivo y libre en Él, pues siempre estará ahí para ti, ¡a fin de que puedas vivir y permanecer libre en Él!

*Dios ha dicho: «Nunca los dejaré; jamás los abandonaré» [...] Jesucristo es el mismo ayer, hoy y por siempre.*

**HEBREOS 13:5, 8, NVI®**

*En quien [Cristo] están escondidos todos los tesoros de la sabiduría y del conocimiento.*

**COLOSENSES 2:2-3**

La misión de *Infusion Ministries* es despertar la identidad y establecer la libertad en el cuerpo de Cristo para cumplir su misión, como se afirma en Lucas 4:18-19 (NVI®):

*El Espíritu del Señor está sobre mí,*
*por cuanto me ha ungido*
*para anunciar buenas noticias a los pobres.*
*Me ha enviado a proclamar libertad a los cautivos*
*y dar vista a los ciegos,*
*a poner en libertad a los oprimidos,*
*a pregonar el año del favor del Señor.*

Jesús anunció el comienzo de su ministerio terrenal al proclamar su misión como cumplimiento de la profecía de Isaías. El ministerio de Jesús no terminó cuando ascendió al Padre. Creemos que nosotros, como cuerpo de Cristo, tenemos el llamado a realizar la obra para la que Cristo se envió al mundo. El centro de este ministerio es despertar la verdadera identidad de cada uno en Cristo y establecer la libertad en las vidas de quienes siguen a Jesús.

*Infusion Ministries* está llevando a cabo esta misión mediante el desarrollo de recursos de formación espiritual basados en la identidad para el cuerpo de Cristo. A través de libros, conferencias en vivo y virtuales, ministerios de jóvenes, vídeoblogs y consejería personal, le proporcionamos recursos a la iglesia, y llevamos a las personas a la madurez y la semejanza a la imagen de Cristo.

**Infusion Ministries**
PO Box 23495, Knoxville, TN 37933-1495

**Teléfono:** (865) 966-1153
**Correo electrónico:** office@infusionnow.org
**Sitio web:** https://es.infusionnow.org/

# ¿PUEDO AYUDARTE?

El propósito del Ministerio Libertad en Cristo (FICM [por sus siglas en inglés]) es equipar a las iglesias en todo el mundo, capacitándolas para establecer a sus personas, matrimonios y ministerios vivos y libres en Cristo a través del arrepentimiento genuino y la fe en Dios para su honor y gloria. Tenemos oficinas o representantes en más de cuarenta países y alguna representación en muchos más (consulta www.freedominchrist.org). También ofrecemos formación en línea para consejería en discipulado (consulta www.ficm.org y haz clic en CFM University).

## LIBROS Y RECURSOS DEL MINISTERIO LIBERTAD EN CRISTO DEL DR. ANDERSON

### Materiales básicos

*Victoria sobre la oscuridad* ofrece una guía de estudio, audiolibro y DVD (Unilit, 2002). Con más de dos millones de ejemplares impresos, este libro básico explica quién eres en Cristo, cómo caminar por fe en el poder del Espíritu Santo, cómo ser transformado por medio de la renovación de tu mente, cómo experimentar la libertad emocional, y cómo relacionarte con otros en Cristo.

*Rompiendo las cadenas* ofrece una guía de estudio y un audiolibro complementarios (Unilit, 2019). Con más de dos millones de ejemplares vendidos, este libro explica la guerra espiritual, dónde está nuestra protección, cómo somos vulnerables y de qué manera podemos vivir una vida libre en Cristo.

*Discipulado en consejería* (Unilit, 2013) combina los conceptos de discipulado y consejería, y enseña la integración práctica de la teología y la psicología, a fin de ayudar a los cristianos a resolver sus conflictos personales y espirituales a través de un arrepentimiento genuino y fe en Dios.

*Los pasos hacia la libertad en Cristo* con un DVD interactivo complementario (Unilit, 2005) es un recurso para el discipulado y consejería que ayuda a los cristianos a resolver sus conflictos personales y espirituales a través de un arrepentimiento genuino y fe en Dios.

*Restaurado* (2007) es una expansión de *Los pasos hacia la libertad en Cristo* con instrucciones y explicaciones adicionales.

*Caminemos en libertad* (Unilit, 1999) es un devocionario de veintiún días usado para conservar los resultados después del proceso de *Los pasos hacia la libertad en Cristo*.

*Libertad en Cristo* (CREED, España, 2012) es un curso de discipulado para clases de Escuela Dominical y grupos pequeños. Este curso viene con una guía para el maestro, una guía para el alumno y un DVD que abarca las diez lecciones y *Los pasos hacia la libertad en Cristo*. Este curso se diseñó para permitirles a los creyentes resolver conflictos personales y espirituales, y a declararse vivos y libres en Cristo.

*The Bondage Breaker DVD Experience* (Harvest House, 2011) es también un curso de discipulado para Escuela Dominical y grupos pequeños. Es similar al anterior, pero las lecciones son de quince minutos en lugar de treinta. Ofrece un libro de trabajo interactivo complementario, pero no una guía para el líder.

«The Victory Series» (Bethany House, 2014, 2015) es un currículo completo que incluye ocho libros que siguen la secuencia de crecimiento de estar arraigados en Cristo, crecer en Cristo, vivir en Cristo y vencer en Cristo: *God's Story for You, Your New Identity, Your Foundation in Christ, Renewing Your Mind, Growing in Christ, Your Authority in Christ, Your Life in Christ, Your Authority in Christ, Your Ultimate Victory*.

### Libros especializados

*The Bondage Breaker, The Next Step* (Harvest House, 2011) incluye varios testimonios de personas que encontraron su libertad de todo tipo de problemas, con comentarios por el Dr. Anderson. Es un recurso de aprendizaje importante para alentadores y da esperanza a quienes están atrapados en el pecado.

*Venzamos esa conducta adictiva*, con Mike Quarles (Unilit, 2004), explora el camino a la adicción y cómo el cristiano puede vencer el comportamiento adictivo.

*Venzamos la depresión*, con Joanne Anderson (Carisma, 2005), explora la naturaleza de la depresión (un problema del cuerpo, alma y espíritu), y presenta una respuesta holística, a fin de vencer esta «gripe común» de enfermedades mentales.

*Diariamente en Cristo*, con Joanne Anderson (Unilit, 1995), es un popular devocionario diario que leen cada día miles de subscriptores por internet.

*Who I Am in Christ* (Bethany House, 2001) tiene treinta y seis capítulos cortos que describen quiénes son los creyentes en Cristo y cómo se satisfacen sus más profundas necesidades en Él.

*Libre de la adicción*, con Mike y Julia Quarles (Unilit, 1998), comienza con la jornada de Mike y Julia hacia la adicción y la codependencia, y explica la naturaleza de las adicciones químicas y cómo vencerlas en Cristo.

*Vivamos de día en día*, con Mike y Julia Quarles (Vida, 2007), es un devocionario de ciento veinte días para ayudar a quienes luchan con los comportamientos adictivos y explica cómo descubrir la gracia de Dios a diario.

*Libre del miedo*, con Rich Miller (Unilit, 2000), explica la naturaleza del temor, la ansiedad y los ataques de pánico, y cómo vencerlos.

*Los pasos hacia la libertad para tu iglesia*, con Charles Mylander (CREED, España, 2018), explica el liderazgo de servicio y cómo los líderes de una iglesia pueden resolver conflictos corporativos mediante el arrepentimiento corporativo.

*Setting Your Marriage Free*, con Charles Mylander (Bethany House, 2006, 2014), explica el plan divino de Dios para el matrimonio y los pasos que pueden dar las parejas para resolver sus dificultades.

*Christ Centered Therapy*, con Terry y Julie Zuehlke (Zondervan Publishing House, 2000), explica la integración práctica de la teología y la psicología para consejeros profesionales, y les provee recursos bíblicos para la terapia.

*Controla tu ira*, con Rich Miller (Unilit, 2019) explica la naturaleza de la ira y cómo eliminar todo enojo, ira y malicia

*Grace That Breaks the Chains*, con Rich Miller y Paul Travis (Harvest House Publishers, 2003, 2014), explica las cadenas del legalismo y cómo romperlas por la gracia de Dios.

*Gana la batalla interior* (Unilit, 2013) muestra las normas de Dios para la conducta sexual, examina el camino a la adicción sexual y presenta cómo vencer las fortalezas sexuales.

*Restaura tus relaciones rotas* (Editorial Peniel, 2018) explica el principal ministerio de la iglesia y cómo podemos reconciliarnos unos con otros y con Dios.

*Rough Road to Freedom* (Monarch Books) son las memorias del Dr. Anderson.

*The Power of Presence* (Monarch Books) trata sobre experimentar la presencia de Dios durante los tiempos difíciles y lo que nuestra presencia significa para otros. Este libro está escrito en el contexto del Dr. Anderson cuidando a su esposa, que luchó contra la demencia en estado de agitación.

Para más información o para adquirir estos materiales, ponte en contacto con el Ministerio Libertad en Cristo


| | | |
|---|---|---|
| Canadá: | freedominchrist@sasktel.net | www.ficm.ca |
| Reino Unido: | info@ficm.org.uk | www.ficm.org.uk |
| Estados Unidos: | info@ficm.org | www.ficm.org |
| Internacional: | info@ficm.org | |